청소년을 위한 이야기

# 서양
# 어휘사전

# 서양어휘사전

| | |
|---|---|
| 초판 1쇄 발행 | 2011년 7월 10일 |
| 초판 2쇄 발행 | 2014년 7월 22일 |
| | |
| 지은이 | 이상실 |
| 펴낸이 | 한승수 |
| 펴낸곳 | 문예춘추사 |
| | |
| 편집부 | 고은정, 이다연 |
| 마케팅부 | 심지훈 |
| 디자인부 | 선은실 |
| 일러스트 | 김영진 |
| 디자인 | 송원철 |
| | |
| 등록번호 | 제300-1994-16 |
| 등록일자 | 1994. 1. 24 |
| | |
| 주소 | 서울특별시 마포구 연남동 565-15 지남빌딩 309호 |
| 전화 | 02) 338-0084 |
| 팩스 | 02) 338-0087 |
| 블로그 | moonchusa.blog.me |
| E-mail | moonchusa@naver.com |
| | |
| ISBN | 978-89-7604-068-8 14700 |
| | 978-89-7604-093-0 14700 (세트) |

\* 책값은 뒤표지에 있습니다

Victory 지식사전 **4**

청소년을 위한 이야기

# 서 양

재미
쏙쏙!

# 어휘사전

이상실 지음

문예춘추사

# 차례

책을 펴내며

## 무적의 언어능력을
## 키우는 서양어휘의 보고

　　　　　　　"내가 갖는 언어능력의 한계는 내가 가질 수 있는 세계의 한계다." 이것은 서양철학사를 통틀어 언어에 관해 가장 깊은 관심을 표명했던 철학자 비트겐슈타인의 말이다. 철학적 아우라가 가득한 이 말을 쉽게 표현해본다면 '언어능력이 곧 나의 힘'이란 뜻 아닐까.

2010년 서울시교육청이 발표한 '창의적 계발을 위한 평가 개선 기본 계획'을 보면 무엇보다 '서술형 평가 문항 확대'가 핵심 추진 과제인 것을 알 수 있는데, 앞으로 수능·논술 시험뿐만 아니라 학생들이 치러야 하는 모든 학교 시험에서 서술형 평가 문항의 비중은 끝없이 높아질 전망이다. 그렇다면 이제 청소년들에게 필요한 능력은 '논리적이고 창의적으로 사고하기' '나만의 생각을 핵심을 갖고 정확히 표현하기'일 것이다. 이제 남보다 앞선 '나'가 되려면 논리적이고 창의적인 나의 생각을 정확하게 표현해내는 일이 관건일 텐데, 그 관건을 내 손 안에 쥐는 지극히 기초적인 작업이 바로 어휘력 쌓기라 할 수 있다.

이 책은 청소년들의 언어능력 향상이라는 과제에 실질적인 거름이 되고자 태어난 것이다. 어휘야말로 언어능력의 씨앗이라 할 수 있는 것. 밭에 뿌린 씨앗이 싹을 내고 열매를 맺듯 언어능력이라는 밭에서는 어휘력이 씨앗이 되어 튼튼한 사고력과 무한한 창조력이 생성되는 것이다. 어릴 때부터 많은 책을 읽고 신문·잡지 등 여러 매체의 수많은 문자에 정붙이고 살아온 기특한 청소년이라면 당연히 웬만한 이야기 속에 등장하는 고사성어나 관용구, 개념어들을 쉽게 알아채고 문장의 맥락을 꿰뚫는 능력이 출중하겠지만, 이는 20퍼센트 청소년들에게나 해당하는 사항일 뿐. 지식채널이 잘 고정되지 않는 나머지 80퍼센트 청소년들에게는 어휘력 증진을 위한 노력이 반드시 필요할 텐데, 그런 면에서 이 책은 무척 유용한 쓰임새를 가질 것이다. 물론 앞선 20퍼센트 청소년들에게도 자기 점검이라는 것은 필요할 테고. 여기서의 20대80 비유는 하나의 법칙으로 본문 안에 소개된다.

아무튼 요즘은 퀴즈 프로그램도 많고 인터넷상에선 지식에 앞선 상식백과가 넘쳐나는 덕분에 수박 겉핥기식의 어휘 적용력은 높아 가지만 실제 글의 맥락을 짚는 어휘 해독력은 떨어지는 것이 사실이다. 심지어 시험문제의 뜻도 알아채지 못하는 경우가 많다 하니.

이 책 속에 등장하는 어휘들은 단순한 어휘만은 아닌, 이야기를 품고 있는 어휘들이다. 수능과 논술 및 서술형 시험에 대비한 글쓰기 능력 향상에는 그야말로 빛이 되는 어휘들인 것. 전체 여섯 개 어휘군으로 구성된 책 내용은 최근 수능시험에서도 자주 언급된 어휘들을 가려뽑아 구성한 것들로서 주제별로 구분되어 있어 하나의 어휘군마다 집중적인 사고력이 배양될 수 있게 했다. 철학적 사유를 증진시키고 논리와 역설을 키울 수 있게 하며 삶의 멋과 흥을 배울 수 있는 최고의 어휘들. 그리고 역사의 호흡을 느낄 수 있고 문학과 예술의 맛을 볼 수 있으며 나와 세계를 통찰하게 하는 무적의 어휘들. 하나하나의 어휘가 나름의 철학적 역사적 맥락을 가지며 짧게나마 '나'와 '세상'을 숙고하게 만들어주는 보석 같은 어휘들인 것이다.

'통섭'의 시대를 맞아 통합적 사고력이 일취월장 자라나게 하는 데 더할 수 없이 훌륭한 어휘군을 거느린 것이 이 책이다. 청소년들이 이를 지식의 보약처럼 자신의 머릿속과 가슴속에 튼실하게 채워 넣는다면 당장의 시험이라는 눈앞의 목표를 넘어 삶의 지혜까지 꿰찰 수 있을 것이다.

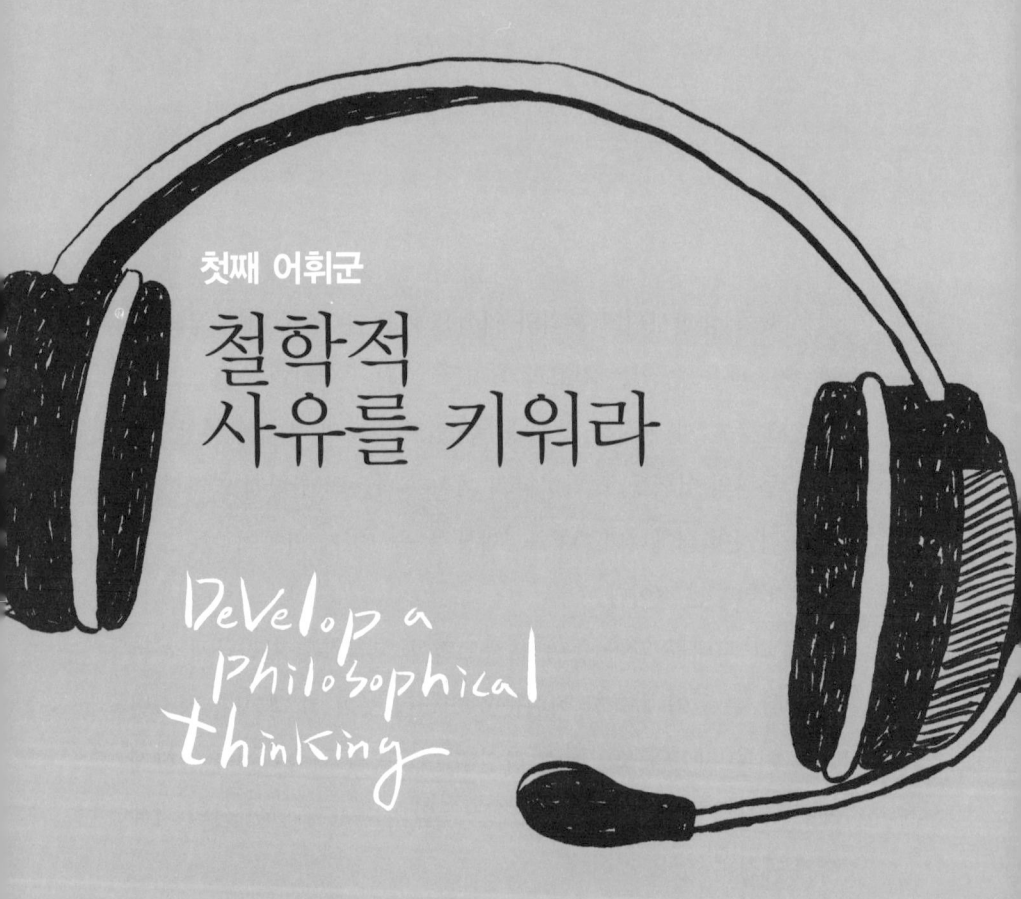

첫째 어휘군

# 철학적
# 사유를 키워라

Develop a
Philosophical
thinking

'나'를 만드는 숙고와 성찰의 힘은 타인의 사유에서 비롯되는 법.
다른 사람의 생각을 우선 가져라. 나만의 깊이는 그로부터 생긴다.

# 유레카
## Eureka

## 불현듯 찾아온 '아하, 그렇군'

고대 그리스의 과학자 아르키메데스가 외쳤다는 이 말 "유레카!" 그리스어로 '알았다'는 뜻을 갖는 '유레카'는 불현듯 무언가를 깨달았을 때 가슴에서 솟구치듯 터져나오는 감탄의 대명사로 쓰인다. 그런데 아르키메데스는 무엇을 깨달은 것일까?

아르키메데스는 천문학자 피라쿠스의 아들로 당시 이집트 유학까지 다녀온 수재였다. 그는 지금의 시칠리아 섬에 해당하는 시라쿠사에 살았는데, 시라쿠사 왕 히에로는 의심 많은 인물로 자신에게 어울리는 황금 왕관을 주문 제작해놓고는 아무래도 못 미더워 전전긍긍했다. 왕관을 만든 기술자가 몰래 은을 섞었다는 제보까지 있던 참에 피라쿠스가 왕에게 자신의 영민한 아들 아르키메데스를 인사시키자 왕은 자신의 새 왕관이 순도 100% 금인지 아니면 다른 물질과 섞였는지 확인해달라고 아르키메데스에게 부탁하게 된다. 이때부터 아르키메데스의 고심이 시작된다.

한동안 어떤 방법도 떠오르지 않아 머리를 쥐어짜던 아르키메데스는 목욕탕 안 욕조에서 몸을 담그고 휴식을 취하던 중 욕조 물이 흘러넘치는 것을 보고 번쩍 하고 정신이 든다. 무언가 감이 온 것이다. 그는 옷도 걸치지 않은 알몸으로 뛰쳐나와 소리쳤다. "유레카!" 사람들은 알몸으로 소리지르는 그를 정신병자라고 놀렸지만, 아르키메데스는 자신의 깨달음에 확신을 갖고 흥분한 터였다.

왕에게 간 아르키메데스는 물이 꽉 찬 두 개 그릇을 준비하고 그 중 하나엔 왕관을, 다른 하나엔 왕관과 같은 무게의 순금 금화를 넣었다. 각 그릇에서 흘러나온 물의 양이 같다면 왕관과 순금 금화가 중량과 부피가 일치하기 때문에 같은 물질로 만들어졌으리라는 추론이었다. 이렇게 해서 왕의 의심은 해결되었고, 덕분에 아르키메데스는 자신의 이름을 딴 원리를 발견하게 되었다. 즉 아르키메데스의 원리란 '물체를 유체에 넣었을 때 물체가 받는 부력의 크기는 물체의 부피와 같은 양의 유체에 작용하는 중력의 크기와 같다는 원리'다.

여기서 중요한 것은 아르키메데스의 원리가 아닌 그의 깨달음인 것. 누구라도 살면서 한 번쯤은 우렁찬 목소리로 "유레카!"를 외쳐야 하지 않을까.

**빛나는 한 줄 어휘**

"이렇게 열심히 파고들다 보면 어느 순간 나에게도 '유레카'를 외칠 날이 오겠지."

# 코기토
## Cogito

## 생각하는 나는 확실히 존재한다

데카르트는 철학이란 모름지기 어떠한 의심도 견뎌낼 수 있는 자명한 것에서 출발해야 한다고 생각했다. 그렇다면, 과연, 도대체 의심하려야 의심할 수 없는 것이 무엇일까 고민에 빠졌다. 그리고 모든 것을 의심했다. 이를 '방법론적 회의주의'라고 한다. 그런데 아무리 의심해도 의심할 수 없는 것이 있었으니, 그것은 바로 '의심하는 나'였다. 기본적으로 생각하는 나가 없으면 의심 자체가 일어날 수 없는 것 아닌가 말이다.

코기토는 라틴어 '코기토 에르고 숨(Cogito, ergo sum)'의 줄임말. 데카르트 자신보다도 더 유명한 이 말은 "나는 생각한다. 고로 나는 존재한다"는 뜻. 데카르트가 『방법서설』에서 방법적 회의 끝에 도달한 철학의 출발점으로서의 제1원리를 말한다.

이 말이 근대 철학의 시작을 알리는 업적이 된 것은 인간의 주체 의식을 확고히 했기 때문이다. 즉 이것은 '나'는 신이 창조한 피조물로서 존재하는 것이 아니라 생각의 주체로서 존재한다는 엄청난 선언인 것이다. 근대철학 이전에는 감히 누구도 함부로 말할 수 없었던 것, 인간이 신에게 종속된 존재가 아니라 당당히 홀로 서기하는 존재임을 선포한 것이나 마찬가지였다. 이제 신을 대신해서 사회와 우주를 책임지는 막중한 사명을 부여받은 인간은 주체적 존재로서의 행보를 시작한다. 이후 이 명제는 근대를 넘어 현대 철학사에 이르기까지 막대한 영향력을 행사한다.

그런데 철학사적으로 모든 선행 명제는 끊임없이 도전받는 것이 당연한 운명인즉, 훗날 후설이나 사르트르, 라캉 등은 이 명제와 맞붙어 자신들만의 새로운 명제를 생성하기도 했는데, 데카르트의 오류를 지적하는 농담으로 흔히 이런 말이 있다. 데카르트가 바에 앉아 술을 마시는데 바텐더가 다가와 물었다. "혹시 남자를 좋아해본 적 있소?" 데카르트가 답했다. "그런 생각 한 적 없소." 그러자 그는 자신의 논리에 따라 사라져버렸다나.

불교에서는 나에게서 생각을 일으키는 그 주체가 무엇인지를 묻는 것이 하나의 중요한 화두가 되기도 한다.

**빛나는 한 줄 어휘**
"코기토의 순간 나는 나를 확실히 느낄 수 있다."

# 미네르바의 부엉이
## Owl of Minerva

# 황혼에 무슨 일이 일어나는 걸까?

"미네르바의 부엉이는 황혼 무렵에야 비로소 그 날개를 편다." 왠지 장중한 울림이 있는 이 말은 헤겔이 한 말이다. 헤겔이 자신의 저서 『법철학』 서문에서 언급한 이 말은 마르크스가 『헤겔 법철학 비판』이라는 책을 통해 다시 한 번 언급하면서 서양철학사에서 꽤나 의미심장한 하나의 문장이 된다. 무슨 뜻일까? 부엉이가 황혼 무렵에야 날개를 펴다니? 부엉이는 원래 밤에만 활동하지 않나? 미네르바는 로마 신화에 나오는 지혜의 여신이고 이 여신이 애지중지하는 부엉이는 곧 '지혜'를 상징한다. 오비디우스의 『변신이야기』에 따르면 워낙이 미네르바의 신조(神鳥)는 까마귀였는데, 이 까마귀 녀석이 미네르바의 비밀을 누설한 죄를 짓고 그 자리를 부엉이에게 내주었다고 한다.

아무튼 헤겔이 미네르바의 부엉이를 말한 것은 미네르바의 부엉이가 낮이 지나고 밤에 그 날개를 펴는 것처럼, 철학은 앞날을 미리 예측하는 것이 아니라 이미 이루어진 역사적 조건이 지나간 이후에야 그 뜻을 분명하게 만드는 것이라는 의미다. 그러니까 바로 대낮의 혼란이 가라앉은 저녁이 되어야 비로소 모든 사태가 명확해진다는 것, 지혜는 모든 일이 끝날 무렵 얻어진다는 것이다.

헤겔의 언어로 하면, 역사의 실제 진행이 끝난 후 정신이 변증법적 완성을 해서 결국 진정한 시대정신이 탄생한다는 것으로, 이는 철학의 추사성(追思性)을 비유한 말이다. 세상사 복잡한 변화가 가라앉은 시점에서야 그 세계를 냉정히 바라볼 수 있다는 뜻을 갖는 지극히 철학적 표현인 것이다.

그런데 이 말은 철학적 지혜는 언제나 뒷북 신세라는 것, 모든 지식과 지혜란 사회적 현상 이전에 존재하는 것이 아니라 그 뒤에서 그것을 분석하고 판단하는 잣대일 뿐이라는 소극적 의미를 갖기도 한다. 하지만 일상에서는 이런 소극적 의미보다는 '지혜'를 강조하는 적극적 의미가 대세이고, 현재 '미네르바의 부엉이'는 진짜 지혜를 자랑하며 인터넷 아이디로도 각광받는다.

빛나는 한 줄 어휘

"아무리 진실을 가리려 해도 미네르바 부엉이의 날개를 꺾을 수는 없다."

# 뉴턴의 사과
## Newton's Apple

시작은 소박할지언정 끝은 창대할지니

사과나무에서 떨어지는 사과를 보고 "사과는 나무에서 떨어지는데, 왜 달은 땅바닥으로 떨어지지 않는 걸까?"라는 의문을 품은 것, 바로 이러한 상상력이 우주 전체를 인간의 이성으로 이해하는 진정한 첫걸음을 만들었다. 뉴턴의 만유인력이 그것이다.

뉴턴 이후의 과학자들은 모두 뉴턴의 제자라 해도 좋을 정도로 뉴턴은 근대과학 발전에 획기적 역할을 한 인물이다. 뉴턴 역학을 완성하고 미분 적분법을 발견하는 등 모든 과학 영역에서 근대의 물꼬를 튼 시대의 개척자인 것이다.

북한 우표에도 나올 정도로 유명한 뉴턴의 사과가 일으킨 결과물, 만유인력의 법칙은 세상을 뒤흔든 위대한 발견이었다. 사과도 달도 지구도 모두 인력이 있으므로 서로 잡아당기는데, 다만 지구에 비해 사과의 인력이 미미하므로 사과는 땅바닥으로 떨어지고 상대적으로 달은 인력이 크므로 떨어지지 않는다는 것. 지금은 자명한 이 사실을 당시 처음으로 알아냈다는 것은 순간의 섬광 같은 깨달음은 아니고 끈질긴 탐구정신의 결과로 보아야 한다. 물리학적으로 볼 때 충분한 양적 성장이 있은 연후에야 질적 성장이 가능한 법.

이를 두고 시인 알렉산더 포프는 창세기 구절까지 인용하며 뉴턴에 대한 칭송을 아끼지 않았다. "자연과 자연의 법칙은 어둠에 잠겨 있는데 신께서 '뉴턴이 있으라!' 하시자 세상이 밝아졌다."

만유인력 발견으로부터 뉴턴의 사과는 거대하고 복잡한 것의 간단한 실마리를 가리키는 뜻으로 사용된다. 아무리 복잡한 사상이라도, 아무리 거미줄 같은 이론체계라도 그 시작은 분명 하나의 의문, 소박한 실마리로부터 완성된 것일 테니 말이다. 하지만 누구라도 의문을 갖기는 쉽다. 문제는 상상력. 자신이 갖는 의문에 상상력의 날개를 붙이고 함께 날아올라야 한다. 똑같은 의문에서 시작했어도 상상력의 힘이 큰 사람이 멀리 가고 크게 간다. 그리고 하나의 사과가 만유인력의 법칙이 되는 혁명을 이루는 것이다.

빛나는 한 줄 어휘
"인공위성이란 지구에서 힘차게 던진 뉴턴의 사과나 마찬가지인 거야!"

# 유토피아
**Utopia**

## 어디에도 없지만 반드시 있어야 할 곳

현실적으로는 존재하지 않는 '이상향'을 가리키는 유토피아. 그리스어로는 'ou(없다)'와 'topos(장소)'가 합쳐진 말, 영어식으로 하면 'No Place', 즉 '없는 곳'이다. 이 말은 16세기 초 영국 작가 토머스 모어의 『유토피아』라는 책에서 유래했다.

유토피아라는 말이 생기기 전에도 인류는 이상향에 대한 동경을 늘 품고 살았으며, 동서양 가릴 것 없이 지금 이 땅이 아닌 저 먼 곳 어딘가에 꿈의 낙원을 펼쳐놓았다. 그것은 역설적으로 인간 삶이 항상 그다지 만족스럽지 않았다는 것을 뜻한다.

철인(哲人)이 지배하는 플라톤의 이상국가처럼 토머스 모어의 유토피아 또한 전적으로 이성이 지배하는 사회제도를 가리키는데, 그가 유토피아를 만들어낸 것은 당시 영국의 정치경제적 모순을 풍자하고 비판하려는 데 있었다. 그렇다면 그의 유토피아는 어떤 곳일까?

그곳은 54개 주로 나뉘어 각 주 중앙에 하나의 도시가 있고, 그 둘레에 전원이 있는 이를테면 그리스 도시국가 비슷한 형태를 띤다.

전원에는 도시 가구 수와 같은 수의 농장이 있어서 시민이 2년 교대로 농업에 종사한다. 그리고 이 유토피아에는 국왕이 없다. 국민은 모두 노동에 종사하되 노동시간은 6시간으로 정해지고 여가엔 교양을 쌓는다. 그들은 선행 속에서 참다운 쾌락을 찾을 뿐 거짓과 위선으로 가득 찬 쾌락을 추구하지 않는다.

또한 유토피아에는 돈이 없다. 따라서 범죄가 없다. 사기, 도둑질, 살인, 배신 등은 돈 때문에 일어나는 일이 아닌가. 모든 괴로움도 마찬가지다. 요컨대 모어는 사유재산을 부정하고 계획화된 사회적 노동을 실현하며 국민 전체가 만족하는 새로운 시스템의 사회 실현을 염원했던 것.

그런데 오늘날엔 유토피아를 꿈꾸는 데 지친 나머지 그 반대로 암울한 미래를 묘사한 디스토피아가 더 현실적인 장소로 여겨진다. 미래 논의에는 분명 유토피아 디스토피아 양쪽 세계를 함께 상정하는 것이 균형 있는 현실감각이겠지만, '유토피아'의 의의는 그 이상에 있기보다 새로운 미래를 열기 위한 진보적 비판성에 있음을 상기해야 할 것이다.

빛나는 한 줄 어휘
"그래도 유토피아를 꿈꿀 수 있다는 것이 우리 삶의 희망 아니겠어?"

# 스핑크스의 수수께끼
## Riddle of Sphinx

## 심오하고도 난해한 인간의 일생

머리는 사람인데 몸은 사자의 모습을 한 거대한 스핑크스 석상. 스핑크스 하면 무엇보다 이집트의 스핑크스 석상이 떠오른다. 이것은 고대 이집트에서 왕(파라오)의 권력을 상징하며 신전이나 분묘 앞에 세워졌다.

그런데 이 이집트 스핑크스와 관계없이 그리스 신화에서도 스핑크스가 등장하는데, 스핑크스의 수수께끼는 여기서 나오는 것이다. 신화 속 스핑크스 또한 보통 여성의 얼굴에 날개 돋친 사자상을 한 괴물로 그려졌다. 여기서의 스핑크스는 나쁜 취미를 갖고 있었다. 그리스 테베 땅으로 간 그는 그곳 사람들을 무지막지하게 괴롭혔던 것. 이것은 과거 테베 왕가가 저지른 일에 대한 죗값이라고도 했다. 그곳에서 스핑크스는 급기야 음악의 여신인 뮤즈로부터 배운 수수께끼를 내서 그것을 맞히지 못하는 사람은 잡아먹는, 그야말로 괴물의 진면목을 보여주기에 이른다.

"목소리는 하나인데 다리는 넷도 되었다가 둘도 되었다가 셋도 되는 것이 있다. 지상에서든 하늘에서든 바다에서든 이것보다 천변

만화하는 것은 없다. 이것은 다리가 가장 많을 때 가장 약하고 걸음 또한 가장 느리다. 이것은 무엇이냐?"

스핑크스의 수수께끼는 후대에 더욱 재미있게 발전한다.

"아침에는 네 발, 낮에는 두 발, 저녁에는 세 발인 것이 무엇이냐?"
이윽고 이 수수께끼는 그리스의 영웅 오이디푸스가 해결한다.

"어려서는 네 발로 기고 커서는 두 발로 걸으나 늙어서는 지팡이를 짚으니 세 발인 것, 그것은 사람이다."

그러자 스핑크스는 '어떻게 이걸 맞힐 수가' 하며 심한 충격을 받고 스스로 몸을 던져 죽어버렸다고 한다. 스핑크스가 열받아 죽을 정도이니, 이 수수께끼에는 우스갯소리만은 아닌 나름의 심오함이 들어 있는 것이리라. 그 안에는 이른바 인간의 일생이 요약되어 있는 것. 신비하고 기괴한 이 질문보다 더 심오한 수수께끼가 어디 있으리.

노인네라고 무시 하지마! 이게 보통지팡이가 아니야!!

빛나는 한 줄 어휘

"그 입장에선 이 문제가 스핑크스의 수수께끼 같은 거지, 난해하기 이를 데 없잖아."

# 코페르니쿠스적 전환
## Copernican Revolution

## 냉철하고 역동적인 삶의 파격

인식에서의 혁명적 전환을 뜻하는 코페르니쿠스적 전환은 철학자 칸트가 한 말이다. 칸트는 '인간은 자연의 입법자'라고 생각했다. 이것은 종전에는 인간의 인식이 대상 중심이던 것이 정반대로 주관 중심으로 바뀌었음을 말한다. 칸트는 자신의 이러한 생각을 코페르니쿠스적 전환이라 명명했다. 그러니까 코페르니쿠스적 전환이란 어떤 패러다임, 기존의 틀을 완전히 깨버리고 새로운 발상을 갖게 되는 것을 의미하는 것이다.

그렇다면 코페르니쿠스는 누구인가?

르네상스 시대 폴란드 천문학자였던 코페르니쿠스는 눈에 보이는 대로만 세상을 인식하지 않았다. 그때까지 우주관은 플라톤과 아리스토텔레스의 철학을 이어받은 프톨레마이오스의 천동설이 지배적이었는데, 그것은 지구를 우주의 중심으로 보는 학설로 사람들은 아무 의심 없이 달이나 태양이나 별들이 지구를 중심으로 운행한다고 믿었다. 그렇게 눈에 보였기 때문이다. 하지만 코페르니쿠스는 달랐다. 그는 우주의 중심이 지구가 아닌 태양이라고 과학

적 시각에서 판단해 천동설에 맞선 지동설을 주장했다. 당시로서
이는 대단히 혁명적인 발상으로 설령 그렇게 생각한다 해도 그것
을 실제 주장한다는 것은 자신의 목숨을 건 행동이었다. 또한 그
가 주장한다고 해도 그때는 누구도 그의 말을 쉽게 믿지 않았다.
한 시대를 지배하던 생각이 어찌 순순히 물러날쏘냐. 하지만 시간
이 지나면서 지동설은 결국 당연한 학설로 인정받는다.

이렇듯 과감한 발상의 전환을 뜻하는 코페르니쿠스적 전환은 단
순한 지식 발견 수준의 틀을 뛰어넘어 생각의 회로를 거꾸로 돌릴
정도의 파격이 있는 관점을 뜻한다. 예를 들어 세상이 자신을 알
아주지 않아 괴로워하던 심한 우울증 환자가 우연한 계기로 누군
가를 도와주면서 삶의 의욕을 되찾고 '베푸는 것이 가장 큰 행복'
임을 깨달았다면 이것 또한 코페르니쿠스적 전환이 일어난 삶인
것이다.

빛나는 한 줄 어휘

"이 문제를 해결하려면 코페르니쿠스적 전환이 필요해. 아예 관점을 바꿔봐야겠어."

## 이성의 간지
### Trick of Reason

# 나와 세상을 움직이는 이성의 힘

우리가 살고 있는 세계는 두 축으로 이루어진다. 본래부터 있는 것 즉 '자연'과, 인간이 만든 것 즉 '인간노동의 산물'. 아리스토텔레스 이후 이러한 이분법은 일종의 상식이었다. 하지만 가만 살펴보니 인간이 만들었지만 인간 통제를 벗어나는 것, 자연이 아니면서도 마치 자연인 양 존재하는 것이 있었다. 이 제3의 것, 즉 '인간 행위의 의도하지 않은 사회적 산물'을 집중 탐구한 인물이 헤겔이다.

'이성의 간지'란 헤겔이 바로 이런 제3영역의 논리를 개념화한 것이다. 여기서 '이성'은 인간 이성이 아닌 '절대정신'이고, '간지(奸智)'란 이런 절대정신이 자기 목적을 실현하는 과정이다. 실로 난해한 이 말은 쉽게 말해 세상일은 항상 뜻대로 이루어지지 않으며 의도치 않은 일이 여기저기에서 벌어진다는 뜻.

그러니까 효율적인 정보전달체계를 마련하기 위해 인터넷이 개발되고 트위터를 사용하며 스마트폰이 보급되었다고 했을 때 이것들을 처음 개발한 사람은 사용자들이 세상을 좀 더 편리하게 살게 될 거라 기대하지만, 이 모든 것들이 대다수 사람들에게 일상화되면서 애초의 목적처럼 세상이 이전보다 더욱 편리해지는 것은 아니다. 사회 시스템 자체가 그에 따라 진화하기 때문에 '더욱 편리해진다' 것은 아주 잠깐의 착각일 뿐인 것이다. 헤겔에 따르면, 결국 이 모든 상황은 정보화사회라는 '절대정신'의 목적에 봉사한 셈이 된다는 것. 개발자도 사용자도 모르는 사이에 말이다.

그런데 그렇게 절대정신이 역사를 지배하는 것이라면, 결국 인간 의지는 아무 소용 없고 내가 하는 행동 하나하나가 이성의 간지에 놀아난다는 말이 되는 것 아닌가. 엥겔스는 헤겔 비판가들이 이렇게 헤겔을 비판하는 태도를 "아이를 목욕시킨 후 구정물과 함께 아이도 버리는" 격이라고 응수했다.

이렇듯 개념을 둘러싼 논쟁은 철학자들의 몫. 그들은 '인간 행위의 의도하지 않은 결과'들이 왜 나타나는지를 계속해서 탐구해야 할 테고, 우리는 의도치 않게 변해버린 사회를 인간화시키는 일에 매진하면 된다. 그것이 요즘 말로 '간지나는' 일이 될 것이다.

**빛나는 한 줄 어휘**

"시민의 힘이 그토록 놀라운 것도 다 이성의 간지가 작동했기 때문 아니겠어?"

# 심포지엄
## Symposium

## 생각을 다투는 즐거운 토론

심포지엄은 원래 그리스어 'sym(함께)'과 'posis(마시다)'의 합성어, 즉 향연이라는 뜻. 고대 그리스에서는 신전에 참배하고 제사가 있을 때는 커다랗게 술판을 벌이고 그 자리에서 열띤 토론이 벌어졌다. 아마 소크라테스도 이런 술자리에서 즉석 토론 수업을 하며 심오한 철학과 도덕을 논했을 것이다.

오늘날 심포지엄은 전문가나 권위자가 특정 주제에 대해 여러 각도에서 의견을 발표하는 것을 뜻한다. 화기애애한 분위기에서 진행되는 학술 토론회나 그 밖에 신문·잡지 등에서 특정한 문제를 두고 두 명 이상의 토론자가 각자의 견해를 발표하는 지상토론회의 뜻으로 널리 통용되는 것. 그런데 사실상 학술적 성격이 강한 심포지엄은 일반인에게는 그리 친근한 자리는 아니다. 예를 들어 '4대강 개발의 득과 실'이라는 주제로 심포지엄을 한다면 4대강 문제에 대해 각기 다른 견해를 가진 발표자가 돌아가며 자신의 생각을 발표 토론하는데 이때 '플로어'에 있는 방청객에게 참여할 기회는 없다.

한편 포럼(forum)은 공공의 광장에서 공공의 문제를 청중과 공개적으로 질의 응답하는 형식으로, 원래 고대 로마에서 공회가 열리는 장소를 가리키는 말이었다가 점차 그 장소에서 벌어지는 일 즉 공개토론회를 가리키게 되었다. 포럼은 심포지엄과 달리 시종 청중의 참여로 이루어진다. 이때 사회자의 역할이 매우 중요한데, 토의가 계속 화제에 집중되도록 통제, 조정하고 청중의 질문을 다시 조합해서 연사에게 전달하며, 토의의 종결 시간을 일반 참가자의 관심에 따라 조절할 수 있어야 한다. 그러니까 심포지엄은 공개강연회, 포럼은 공개토론회인 셈이다.

또 하나의 공개 토론 형식으로 패널(panel)이 있는데, 이는 토론자가 전문가가 아닌 일반 관객이라는 점에서 차이가 있고, 따라서 주제도 일상생활과 관련된 것이 많다. 어떤 경우의 토론이든 토론의 기본자질이란 자신의 생각을 설득력 있게 전달하는 논리적 사고능력임을 기억하자.

**빛나는 한 줄 어휘**

"이번 심포지엄에 참석하면 그 문제에 대해 좀 더 다양한 관점을 접하게 될 거야."

# 플라토닉 러브
## Platonic Love

## 진정한 사랑은 너무 어려워

플라톤식 사랑이란 실제 플라톤과는 별 상관이 없는 말. 원초적 본능과 대척점에 서는 순수하고 정신적인 사랑을 뜻하는 것으로, 짝사랑에 빠진 사람이 스스로를 위안하는 표현이기도 하다. 이 말의 주인공인 플라톤은 단지『향연』등 자신의 작품에서 지혜에 대한 사랑을 찬양했을 뿐이다.

15세기 중반 이탈리아 학자들은 플라톤이 운영했던 학교 아카데미를 본따 '플라톤의 아카데미'라는 학교를 만들었는데 플라토닉 러브라는 말은 바로 이곳에서 생성된 말이다. 여기서의 사랑은 단순히 기독교적 금욕을 강조한 것으로 플라톤 사상이 기독교화된 측면이 있다. 개인적 사랑에 자기들 마음대로 종교적 도덕성을 부여했다고나 할까.

그런데 실제『향연』에서 정의된 플라톤식 사랑이 매우 흥미롭다. 신은 원래 남자, 여자, 그리고 남녀 한 몸으로 된 사람 이렇게 세 가지 종류의 인간을 만들었는데 남녀 한 몸으로 된 사람들이 가장 힘세고 능력이 뛰어나다 보니 남자와 여자로 태어난 사람들이 신에게 불평을 하는 바람에 남녀 한 몸으로 된 사람들을 신이 둘로 나누어 반쪽이 되게 했다는 것이다. 그래서 원래의 완전한 상태로 돌아가고자 자신의 잃어버린 반쪽을 그리워했다는 것이고, 이것이 사랑이라는 것이다. 물론 플라톤은 이 사랑에게 좋은 점수를 주지는 않는다. 그는 다만 철학을 사랑했을 뿐.

플라톤은 이성이 올바르게 욕망을 지배하고 조절하는 것을 도덕의 회복이라 생각했다. 아마도 플라토닉 러브를 플라톤 자신이 직접 역설했다고 해도 이는 금욕적이고 정신적인 사랑을 뜻하긴 했을 것이다.

한편 아가페적 사랑이라는 말도 자주 사용되는데 이는 신앙적 사랑으로서 신과 인간 간의 사랑을 뜻한다. 신과 인간의 사랑이니 무조건적 사랑임은 당연지사. 그런데 사람들 사이에서는 이 조건 없는 사랑이 진정 불가능한 것일까?

빛나는 한 줄 어휘
"플라토닉 사랑이라는 거, 어쩌면 일종의 자아도취 아닐까?"

# 백과전서
## Encyclopedia

## 새로운 시대를 여는 지적 무기

백과사전은 알겠는데 백과전서는 모르겠다고? 사실상 같은 말이다. 백과사전의 어원은 그리스어 'eguklios(둥글다)'와 'paideia(교육)'이 합쳐진 것으로 '두루 모은 지식을 교육하다'라는 뜻. 이는 그리스 철학자의 이상을 나타낸 말이다.

혁명의 기운이 차츰 아래로부터 타고 올라오던 18세기 프랑스, 시민계급 편에서 사회를 비판하고 이성의 힘으로 사회 진보를 이룰 수 있다고 믿었던 계몽사상가들은 전통적 관념에 도전하는 하나의 지적 무기로서 백과사전을 편찬하기 시작하는데, 여기에 참가한 사람들 184명을 일컬어 백과전서파라고 한다. 백과사전 편찬 팀이란 뜻의 백과전서파, 이 말은 일본식 조어로서 백과사전파라고 해도 무방하다.

디드로와 달랑베르가 주도하고 투르고와 볼테르, 루소, 몽테스키외, 케네 등 당시 프랑스의 대표적 계몽사상가들이 핵심을 이뤄 집필한 백과사전 간행은 당시 귀족 계급 전횡에 맞서는 투쟁의 무기나 마찬가지였다. 근대적 지식과 사고방식으로 당시 사람들을 계몽하고 권위에 대해 비판적 태도를 취함으로써 프랑스혁명의 사상적 배경이 된 이 저작은 1751년 제1권이 출판되었고, 이어 1772년까지 본문 19권, 도판 11권의 대사전이 완성되었다.

프랑스혁명의 촉진제 역할을 한 이 책에 대해 당시 혁명의 선두에 섰던 로베스피에르는 이렇게 말했다. "백과전서파의 영향과 정책을 무시하는 사람은 아무도 우리 혁명의 서곡에 대해 완전히 이해할 수 없을 것"이라고.

백과사전이 완성되는 20여 년 동안 이 작업을 지휘했던 디드로는 끊임없는 정치적 박해에 시달렸고 동지들의 이탈로 고통받아야 했다. 이 책에 대한 대중들의 열광이 고조되자 백과전서는 1759년부터는 공공연하게 탄압받았고 법적 금지까지는 아니더라도 비밀리에 출판되는 수밖에 없었다. 이는 물론 백과전서의 불온한 사상성 때문이다. 사회 개혁의 이상에는 역사상 늘 '불온'이라는 딱지가 붙어 있는 것이다.

빛나는 한 줄 어휘

"조선시대 백과전서파 실학자들은 주체적 시각의 새로운 학문을 탐구한 사람들이다."

# 오컴의 면도날
## Ockham's Razor

# 단순한 것이 좋은 것이여?

'필요 없이 많은 전제를 설정하지 않는다.' 오컴의 면도날은 쉽게 말해 '간단한 게 좋은 것'이라는 일종의 사고 경제론이다. 그러니까 어떤 현상을 설명할 때 불필요한 가정을 해서는 안 된다는 것으로 같은 현상을 설명하는 두 개의 주장이 있다면 간단한 쪽을 선택하라는 뜻이다. "만약 어떠어떠한 바탕 하에서라면, 그리고 또 어떠어떠한 개념을 적용한다면…" 등 사설이 많은 이론과 원리는 나쁜 것이며 그런 것 없이 단순한 이론과 원리가 좋은 것이라는 이 생각은 14세기 영국의 신학자이자 철학자인 윌리엄 오컴의 생각이다.

중세의 철학자들과 신학자들은 복잡하고 광범위한 논쟁 속에서 살았는데, 오컴은 어느 날 지나친 논리비약이나 불필요한 전제를 진술에서 잘라내는 면도날을 토론에 도입하자고 제안한다. 오컴의 면도날이 갖는 계율은 이렇다. "가정은 가능한 적어야 하며, 피할 수만 있다면 절대로 하지 말아야 한다." 그러한즉 오컴의 면도날은 필요하지 않은 가설을 잘라내버린다는 비유, 자신의 계율을 보다 엄격하게 적용한다는 비유인 셈이다.

천동설과 지동설 경쟁에서 이 면도날은 잘 사용되었는데, 즉 천동설의 주전원(epicycle)은 초기의 지동설보다 관측 면에서 보기 쉽고 행성의 궤도를 예측할 수 있었으나 차츰 계산이 너무 복잡해지자 보다 간단한 예측이 가능한 지동설이 거론되었던 것. 덕분에 오컴의 면도날이 진위 판단에 유효한 도구로 여겨지기도 했다. 지동설이 승리하는 데 오컴의 면도날 효과가 있었던 것이다.

지금도 영미권 철학자나 과학자들 중에서는 이 면도날을 금과옥조로 여기는 부류가 있다. 하지만 간단한 이론이 진리에 가깝다는 이 단순한 발상의 면도날에 베여 숨도 못 쉰 이론들이 부지기수임을 생각할 때 오컴의 면도날은 너무 원칙적으로 사용되어서는 안 된다. 오컴의 면도날은 진위를 가르는 잣대가 아니다. 단순히 간결하다는 것이 꼭 좋은 것만은 아닌 것이다.

빛나는 한 줄 어휘

"오컴의 면도날이 갖는 과학적 교훈은 가장 단순한 것이 답일 수도 있다는 것이다."

# 형이상학
## Metaphysics

## 멈춰서는 안 되는 사유의 방황

학문으로서 '형이상학'은 아리스토텔레스의 저서 제목에서 유래한다. 아리스토텔레스 사후 제자들이 그의 저서들을 정리하다 제목 없는 책을 발견하고 그것을 『자연학(Physica)』 다음에 배열하면서 'Meta-Physica'라고 붙인 것. 여기서 'meta'가 '~다음의' 또는 '~을 넘어선'이란 뜻의 접두사이다 보니 후대 동양권에서 이 책 제목을 '형이상학'으로 번역한 것이다.

『형이상학』은 아리스토텔레스의 가장 마지막 저서로 분류된 셈인데, 실제 이 책은 다른 학문들을 모두 공부한 후 가장 마지막으로 공부해야만 하는 내용을 담고 있다. 아리스토텔레스 저서는 자연에 존재하는 것들의 본질을 탐구하는 '1차 철학'과 실제 존재물이 아닌 존재 그 자체를 탐구하는 '2차 철학'으로 나뉘는데, 형이상학은 제2철학으로서 가장 본질적인 것을 탐구하는 학문이다. 이로써 형이상학은 사유를 통해 사물의 본질과 존재의 근본원리를 탐구하는 철학의 한 분야 또는 방법이라는 자체 정의를 가지게 되었다.

그런데 신의 본질과 속성, 영혼, 그리고 인간의 자유의지 등과 같

은 문제들을 이성적 방법으로 탐구하는 학문인 형이상학은 유물론 입장을 갖는 마르크스에게 비판받으면서 그 위상이 다소 추락하는데, 마르크스에게 형이상학이란 역사 발전에 도움이 안 되는 관념론의 아성일 뿐인 것이다. 이로부터 형이상학은 비판적 의미 또는 경멸적 의미로까지 사용되기도 한다.

생활 속에서 형이상학적이라는 수식어는 관념적이고 비현실적 사고를 뜻하는 것으로서 쓸데없이 난해하고 공상적인 사람을 빈정거리는 표현이 된 것이다. 하지만 형이상학의 본질은 인간의 사유 능력을 항진시키는 것이라 할 수 있다. 얼마 전 대한민국을 휩쓴 베스트셀러 『정의란 무엇인가』에서도 진정한 정의를 찾기 위해서 인간은 지적 방황, 사유의 충돌을 결코 멈춰서는 안 됨을 웅변하고 있지 않은가.

학문으로 정립된 개념은 아니지만 형이상학의 반대로 형이하학이란 표현도 있다. 형이상학이 사유의 세계를 논한다면 형이하학은 현실 세계를 직시한다는 점이 그 차이인 것.

빛나는 한 줄 어휘

"그런 형이상학적 발상이 문제를 더욱 꼬이게 한다는 것 알아?"

# 타불라라사
**Tabula Rasa**

## 백지 상태로 태어난 인간 정신

인간은 무언가를 가지고 태어나는 걸까? 아니면 아무것도 가진 것 없이 태어나는 걸까? 무언가를 가지고 태어난다는 편의 대표주자가 데카르트. 그는 인간이 어떤 중요한 관념을 이미 가지고 태어난다고 보았다. 이를 본유관념이라고 하는데 인간은 자신이 스스로 경험하지 않고도 아는 지식이 많다는 것이 그 근거다. 그런데 근대 경험론의 대표주자인 존 로크의 생각은 달랐다. 인간은 아무가진 것 없는 백지 상태로 세상에 나온다는 것이다. 타불라라사는 로크의 사상을 표현하는 말로 '아무것도 쓰여 있지 않은 흰 종이'라는 뜻, 일체의 경험 이전 인간의 정신상태를 말한다. 그럼 누가이겼을까? 이건 철학적 논쟁일 뿐 승부는 없다.

로크를 비롯한 경험론자들이 주장하는 바는 인간은 누구나 백지 상태로 태어나기 때문에 후천적 교육이나 경험, 환경 등에 따라 성향이 정해질 뿐 타고난 본유관념 따위 있을 수 없다는 것. 따라서 타고난 기질이란 것 역시 있을 수 없다는 것이다. 그런 의미에서 마음은 외부에서 빛이 흘러드는 '암실(暗室)'이나 아무것도 쓰여 있지 않은 백지에 비유할 수 있다는 것이다.

인간본성에 대한 스티븐 핑커의 유명한 저서 『빈 서판』에서의 빈 서판 또한 타불라라사를 가리키는 말로 인간은 마음이 '빈' 백지와도 같은 상태로 태어나며 출생 이후 외부 세상의 감각적인 지각 활동과 경험으로 서서히 마음이 형성되어 전체적인 지적 능력이 형성된다는 개념이다.

사실상 이러한 생각의 원조는 고대 그리스 철학자 아리스토텔레스다. 그 또한 인간 정신이나 영혼은 수동적인 것으로 밖에서부터 어떤 자극이 있어야만 그 속이 채워지고 그런 연후에야 능동적 사고가 가능해진다고 본 것이다. 그런데 완전 백지로 태어난 인간 정신이 애초에 무엇을 할 수는 있는 걸까? 이렇게 철학적 논쟁은 꼬리에 꼬리를 무는 것이다.

빛나는 한 줄 어휘

"사람들의 타불라라사를 채워가는 감각 경험은 무척 중요하다."

# 아프리오리
## A priori

# 경험하지 않아도 알 수 있는 것

철학자 칸트는 인간의 경험이 매우 불완전한 것이기 때문에 그 경험으로는 진리에 도달할 수 없다는 사실을 뼈저리게 깨우친 사람이다. 이것은 『인간 본성에 관한 논고』로 유명한 데이비드 흄의 영향을 받은 것인데, 흄은 이를테면 지금까지 내가 본 모든 까마귀가 까맣다고 해도 "모든 까마귀는 까맣다"라는 정의는 불가능하다고 보았다. 나중에라도 까맣지 않은 까마귀가 탄생할 수 있지 않겠는가라는 것이 그의 유명한 의심이었는데, 칸트는 이로부터 인간 인식에 대한 근본적인 질문으로 나아간다. 과연 인간은 무엇을 알 수 있기나 한 것일까?

경험이라는 것 자체가 그토록 불완전하고 불확실하다면 경험을 떠나 완전하고 확실한 개념이 있긴 한 것일까? 칸트 생각에는 수학과 물리학이 그에 대한 답이었다. 예컨대 "2+3=5"라는 것은 경험으로 아는 지식이 아닌 것.

이것이 아프리오리다. '선험적'이라는 뜻. 라틴어로 '앞선 것으로부터'라는 의미를 갖는 이 말은 경험에 앞서는 것, 경험과는 관계

없이 알 수 있는 진리, 이를테면 논리법칙이나 수학의 정리를 뜻한다. 이로부터 '아프리오리한 진리'라는 말이 성립한다. 당연히 등장하는 이와 반대되는 개념은 아포스테리오리. 즉 '후천적'이라는 뜻의 이 말은 모든 자연과학 법칙 등 경험을 통해서 알 수 있는 진리를 가리킨다. '아포스테리오리한 진리' 또한 철학적 언어로 사용되는 것이다.

그러나 사실상 모든 진리가 이와 같이 뚜렷하게 양분되지 않는다는 것이 문제다. '경험 이전'과 '경험 이후'라는 의미의 경계가 무엇인가에 대해서는 많은 철학자들이 고심한 문제로서 경험이란 말을 어떻게 해석하느냐에 따라서도 이 양분법의 의미는 달라지는 것이다.

아프리오리는 독일 신학자 프리드리히 슐라이어마허가 사용한 이래 종교철학 분야에서 중요한 역할을 한다. 그는 본래부터 인간에게 있는 종교적 심성을 아프리오리로 보았으며, 이 종교적 아프리오리가 발현된 것이 유대교가 되기도 하고 기독교가 되기도 한다고 했다. 이렇듯 한번 정립된 철학적 개념은 모든 인문학의 범주를 종횡무진 넘나들며 그 활약이 눈부신 법이다.

빛나는 한 줄 어휘

"우리 사랑은 아프리오리한 진리일까? 아포스테리오리한 진리일까?"

# 아타락시아
## Ataraxia

## 행복으로 가는 평온한 마음 상태

참된 행복이란 무엇일까? 마음속에 날뛰는 미친 코끼리가 한 마리 들어 있는 것처럼 하루하루가 늘 어지럽고 불안하고 분주하다면, 그 사람은 편안한 행복감을 느끼기는 힘들 것이다. 아타락시아는 잡념에 사로잡히지 않고 동요 없이 고요한 마음 상태, 고대 그리스 철학자들이 설정한 정신적 평정 상태를 뜻하는 개념이다.

헬레니즘기 그리스에는 여러 철학 유파들이 등장해 서로의 사상을 겨뤘는데, 이 시기 철학에서 강조된 것이 '행복한 삶의 방식'이었다. 즉 무엇이 행복일까, 어떻게 하면 행복할 수 있을까라는 행복학이 유행이었던 것. 아마도 당시는 무척 불행한 시대였던 듯.

여기서 에피쿠로스 학파는 죽음의 공포와 고통으로부터 해방된 상태인 아타락시아를 통해 행복을 얻을 수 있다고 주장했으니, 에피쿠로스 철학에서 아타락시아는 행복의 필수 조건이자 철학의 궁극적 목표였던 것이다. 이 학파의 수장 에피쿠로스는 일체의 종교적 미신을 버리고 이성적 수단을 사용해야만 아타락시아를 얻을 수 있다고 하며 이 아타락시아 상태야말로 진정한 쾌락이라고 불렀다.

그리고 욕망의 절제를 통한 정신적 평온을 추구하는 씨닉 학파와 스토아 학파가 있었는데, 스토아 학파에게는 에피쿠로스 학파와 유사한 개념인 아파테이아(apatheia)가 있었다. 아파테이아는 모든 감각에서 야기된 격정과 욕망을 탈피해 이성적인 냉정을 유지한 마음의 경지를 이른다. 또한 회의주의 학파는 감각기관을 통해 얻은 것들은 진리임을 보장할 수 없기에 일종의 판단 중지를 통해 아타락시아를 획득할 수 있다고 주장하기도 했다.

결국 당시 행복학의 결론은 '평정한 마음에 진정한 행복이 깃든다'는 것이었는데, 불교에서는 이러한 평정 상태 즉 무념무상을 얻기 위해서는 우선 세 가지 마음의 독을 없앨 것을 당부한다. 즉 욕심 부리는 것과 화내는 것, 그리고 어리석음. 이 세 가지 독을 마음에서 제거하면 행복해진다는 것인데, 사실상 너무 어려운 일일까? 하지만 행복이란 것은 마음먹기에 따라서는 순식간에 얻을 수도 있는 것이다.

빛나는 한 줄 어휘

"무념무상의 경지 아타락시아는 범인은 도달하기 힘든 도인의 경지 아닐까?"

# 시시포스의 바위
## Stone of Sisyphus

# 결코 끝나지 않는 무의미한 형벌

신화 속 시시포스는 꾀 많고 교활한 인물이었다. 고대 그리스 도시국가 코린트의 왕이었던 시시포스는 어느 날 제우스가 하신 (河神) 아소포스의 딸 아이기나를 유괴하는 것을 목격하고는 아소포스에게 대가를 바란 흥정 끝에 제우스의 거처를 알려준다. 이에 노여움이 극에 달한 제우스가 시시포스에게 죽음의 신을 보낸다. 그러나 시시포스는 죽음의 신에게까지 사기를 쳐서 그를 가둬버린다.

그 후 죽는 사람이 아무도 없었고, 죽는 사람이 없음으로써 삶과 죽음의 경계가 없어졌으니 저승의 체면은 말이 아니었다. 간신히 전쟁의 신 아레스가 죽음의 신을 구출해내고 이제 시시포스가 저승으로 가야만 하는 순간이 왔는데, 그는 이를 예측하고 아내 메로페에게 자신이 죽은 뒤에 장례식도 치르지 말고 시신을 묻지도 말라고 당부한다.

시시포스의 꾀에 속은 저승의 신 하데스는 시시포스가 자신의 장례를 해결하도록 지상으로 내려보내고 다시 지상으로 돌아온 시시포스는 장수를 누렸다는데, 하지만 죽은 뒤에 신들을 기만한 죄로 시시포스는 엄청난 형벌을 받게 된다.

그에게 주어진 형벌은 바로 거대한 바위 굴리기. 그는 엄청나게 무거운 바위를 산 정상까지 굴려 올려놓아야 했다. 그러나 바위는 산꼭대기에 다다르기만 하면 다시 땅바닥으로 곤두박질쳤다. 그러면 시시포스는 땅바닥까지 내려가서 바위를 또다시 굴려야 했다. 시시포스와 바위의 결코 끝나지 않는 싸움. 시시포스는 영겁의 형벌을 받게 된 것이다.

여기서 '시시포스의 바위'는 실패할 것이 뻔한 '헛된 수고'를 뜻하는 말이 되었다. 이후 시시포스는 문학작품 등에서 때로는 고뇌하는 인간의 상징처럼 표현되기도 하는데, 이는 그의 사기행각에 따른 결과물인 인과응보적 고통을 고통 그 자체에만 초점을 맞춰 해석한 것이다. 아무려나, 끝나지 않는 고통은 생각만 해도 암울한 일. 이러한 죗값을 치를 행동은 애당초 하지 않는 것이 현명한 삶이리라.

빛나는 한 줄 어휘

"기부금에만 의존하는 복지산업은 그리스 신화에 나오는 '시시포스의 바위'에 비유된다."

# 톨레랑스
## Tolerance

## 남을 인정해주는 따뜻한 사회 인정

어감에서 느껴지듯 톨레랑스는 프랑스어다. 한마디로 나와는 다른 남을 인정하는 '관용'을 뜻하는데, 한국사회가 정(情)이 넘치는 사회라면 프랑스는 이 톨레랑스가 넘치는 사회인 것.

여기서 관용이란 정치, 종교, 도덕, 학문, 사상, 양심 등의 영역에서 서로가 의견이 다를 때 논쟁은 하되 물리적 폭력에 호소하지는 말아야 한다는 하나의 이념인데, 프랑스 사상가 볼테르의 다음 명언은 이러한 관용의 위대한 정체를 잘 드러내준다. "당신 말에 찬성하지는 않지만, 당신이 그렇게 말할 권리를 지켜주기 위해서라면 내 목숨이라도 기꺼이 내놓겠소." 사실 볼테르는 이런 말을 한적이 없다고 하지만 어쨌든 그의 사상적 입장이 고스란히 담긴 말임에는 분명하다.

프랑스판 '타인에 대한 인정'이라 할 톨레랑스가 한국사회에 널리 알려진 것은 작가 홍세화의 책을 통해서다. 『나는 빠리의 택시운전사』라는 책에서 그는 독특한 프랑스 관용문화인 톨레랑스를 잘 설명해준다. 우리는 어떤 주제를 두고 누군가와 논쟁을 벌일 때 상대가 나와 다른 생각을 하고 있으면 논쟁을 넘어 그 사람까지를 적대시하는 경향이 많은데 프랑스인들은 오직 논쟁에서만 치열할 뿐 사람 자체에 대해 나쁜 감정을 갖지 않는다고 한다. 저자는 그것을 본 것이다. 어느 날 동료택시기사와 심한 대립각을 세우며 논쟁을 벌이고 난 후 아무래도 상대에 대한 감정이 좋지만은 않았는데 상대는 전혀 아무렇지도 않더라는 것.

여기서 톨레랑스가 갖는 의미를 크게 두 가지로 보면 이렇다. 우선 '다른 사람의 사고와 행동방식의 자유 및 정치적, 종교적 의견의 자유에 대한 존중'이다. 프랑스는 미국만큼이나 다양한 인종이 살고 있는 탓에 서로를 인정해주는 문화가 발달한 것. 그래야 내가 인정받기 때문이다.

그리고 '특별한 상황에서 허용되는 자유'다. 이것은 권력으로부터 개인의 자유와 권리를 보호하려는 의지 같은 것으로, 예를 들어 프랑스인들은 아무 곳에나 쓰레기를 버리기 일쑤인데 그들은 그것이 청소부들의 생존권을 위해서라고 한다. 사실상 이것은 함부로 흉내내기 어려운 독특한 톨레랑스다.

**빛나는 한 줄 어휘**

"톨레랑스가 가장 적극적으로 필요한 곳은 아마도 종교집단이 아닐까 싶어."

둘째 어휘군

논리와 역설로
무장하라

Be armed
with logic and
paradoxes

스스로 확신을 가져야만 타인을 확신시킬 수 있는 법.
나만의 논리와 역설로 사실과 진실, 거짓과 위선을 구분하라.

# 뫼비우스의 띠
## Mbius strip

# 아무것도 묶을 수 없는 띠

재미있는 발상이 있다. 즉 좁고 긴 직사각형 종이를 180도로 한 번 꼬아서 끝과 끝을 붙이면 연필을 떼지 않고도 앞면과 뒷면을 연결하는 기다란 선을 그릴 수 있다는 것. 이렇게 되면 앞면과 뒷면의 구별이 사라진다. 2차원이 3차원이 되는 것. 이것이 판화가 에셔의 판화에 등장하는 '뫼비우스의 띠'다. 물론 에셔는 재미있는 이 발상을 그린 것뿐이고 실제 이것은 19세기 독일 수학자 뫼비우스가 생각해낸 원리다. 원론 기하학인 유클리드 기하학의 한계를 극복하려는 강렬한 의지로서.

사실상 1840년에 '위상학'이라는 단어를 처음 사용한 수학자 리스팅은 뫼비우스보다 4년 앞서 '면이 하나인 곡면'에 대한 논문을 발표했는데, 이것은 별다른 주목을 받지 못해 리스팅의 띠가 뫼비우스의 띠가 되었다 한다. 역시 홍보가 중요하다. 또한 수학자 클라인은 이 뫼비우스의 띠를 응용해 '클라인의 병'을 만든다. 원통형 관의 한쪽 끝은 그대로 두고 다른 한쪽 끝은 표면을 까뒤집어 서로 붙이면 안팎 구별이 없는 병이 생긴다는 뫼비우스 띠의 모방 개념이다.

이렇듯 3차원의 성질을 가진 뫼비우스의 띠는 세상에 존재하지는 않지만 뫼비우스의 띠를 이용한 물건은 있다. 미국의 굿리치 회사는 뫼비우스 띠로 컨베이어 벨트를 만들어 특허를 받기도 했으니, 바퀴에 띠를 한번 꼬아 걸면 쉽게 빠지지 않고 수명도 오래가며 뫼비우스 띠 벨트는 모든 면이 골고루 기계에 닿아 보통 일반 띠보다 오래 쓸 수 있는데, 이는 주로 재래식 방앗간에서 볼 수 있다. 또한 아날로그식 전화 자동응답기의 녹음테이프에도 뫼비우스 띠가 있다. 테이프를 갈아끼우지 않아도 한쪽 면이 모두 녹음되면 자동으로 다른 면으로 넘어가 띠의 위아래에 모두 녹음이 되는 것이다. 이렇듯 뫼비우스의 띠는 단순한 흥밋거리만은 아닌 것으로 현대 첨단산업에도 꾸준히 응용되고 있다.

조세희의 소설 『난장이가 쏘아올린 작은 공』에서 뫼비우스의 띠는 계급을 뛰어넘는다는 뜻의 진중한 은유로 사용된다.

빛나는 한 줄 어휘

"현대인에게 암이란 정말 벗어날 수 없는 뫼비우스의 띠일까?"

# 제로섬
## Zero-Sum

# 너와 나, 함께 살 수는 없을까

'남의 불행은 곧 나의 행복'일까? 그렇다는 것이 제로섬 이론이다. 게임이나 경제 이론에서 여러 사람이 서로 영향을 받는 상황에서 모든 이득의 총합이 항상 제로 또는 그 상태임을 말하는 제로섬 이론. 이것은 일정한 이익을 두고 한쪽이 이득을 보면 반드시 다른 한쪽은 손해를 보게 되어 있다는 것으로, 경제적 이해관계에는 반드시 제로섬 논리가 적용된다.

경마나 슬롯머신, 복권 같은 도박은 주최측 몫을 제외하고 패자로부터 모은 돈을 우승자에게 나눠주는 시스템이기 때문에 제로섬 게임이 된다. 분명 번번이 꽝인 나의 불행이 누군가의 횡재가 되지 않는가 말이다.

제로섬은 1971년 발간된 『제로섬 사회』라는 책에서 유명해졌다. 여기서 제로섬은 무역수지를 일종의 게임으로 볼 때 무역수지 흑자국이 있으면 반드시 동액의 적자국이 존재한다는 것, 한 국가의 이득은 다른 국가의 손실을 전제로 했을 때만 가능하다는 이론이다.

집단의 모든 구성원이 얻게 되는 득과 실의 총량이 결국 제로라는 제로섬 이론에는 총체적 갈등이 전제되어 있으며 누가 어떤 선택을 하더라도 전체 구성원의 득과 실은 결국 제로로 귀결되는 것이다. 실상 게임이론인 제로섬 이론은 승자의 득점은 항상 패자의 실점에 관계하므로 심한 경쟁을 야기시키는 경향이 있다. 반면 플러스마이너스 제로인 제로섬에 비해 한쪽에 이득이 생겼어도 다른 쪽에 별로 손해가 없는 관계는 난제로섬 게임이 된다.

그런데 모든 일을 제로섬 게임의 사고방식으로 보면 어떻게 될까? 늘 일정한 파이를 두고 경쟁해야 하는 너와 나의 관계에는 발전이란 것이 없다. 너 죽고 나 살기 식의 관계는 너와 내가 함께 살아야 하는 공존의 시대 논리가 아닌 것이다. 이런 면에서 제로섬 게임은 그저 제자리걸음의 가짜 놀이일 뿐. 제로섬을 극복한 '남의 행복이 곧 나의 행복'인 상생의 사회라야 진정한 게임의 세계를 한번 펼쳐볼 수 있지 않을까.

**빛나는 한 줄 어휘**

"뜨거운 감자로 부상한 국책사업이 결국 제로섬게임으로 치닫는 형국이다."

# 아킬레스건
## Achilles Heel

## 튼튼한 힘줄의 치명적 약점

발꿈치 뼈 위에 붙어 있는 힘줄을 뜻하는 의학용어 '아킬레스건' 이 어떻게 치명적 약점을 가리키는 말로 사용되는 것일까. 가장 튼튼한 힘줄이 치명적 약점이라니, 이 아이러니한 관계를 들여다 보자.

아킬레스는 호메로스의 서사시 『일리아스』에 나오는 그리스의 맹 장으로 불사신의 몸을 가지고 있었다. 그의 어머니 테티스는 아킬 레스가 태어나자마자 저승의 강 스틱스에서 목욕을 시킨다. 천하 무적의 몸을 만들려는 의도에서다. 그 강물에서 목욕하면 강한 몸 이 된다는 부모의 믿음이 강했던 것이다. 그 덕분에 그는 실제 불 사의 몸을 만들 수 있었는데, 안타깝게도 꼼꼼치 못했던 아버지 미르미돈의 왕 펠레우스가 목욕할 때 그의 발꿈치를 잡은 탓에 발 꿈치만은 강물의 세례를 받지 못했다. 그래서 그 부분이 치명적 약점이 된 것이다.

바야흐로 열혈장군으로 성장한 아킬레스는 그 유명한 트로이 전 쟁에 출정해서 트로이군의 영웅인 헥토르를 비참하게 쓰러뜨리며 그리스군의 결정적 승기를 만든다. 그러나 그의 발꿈치는 기어코 그의 약점으로서의 정체성을 드러내고야 말았으니, 아킬레스는 트로이 전쟁을 일으킨 장본인 파리스가 쏜 화살에 바로 그 발꿈치를 맞아서 어처구니없게 전사하고야 만다.

이렇게 해서 우리 신체의 튼튼한 힘줄은 '몸에서 유일하게 상처를 입을 수 있는 곳', 즉 가장 치명적인 약점이라는 불명예를 안게 되었다. 그리고 이로써 인간이라면 누구에게나 아킬레스건이 있듯, 누구에게나 치명적 약점 또한 있다는 결론이 성립한다. 그러다보니 우리는 경쟁상대, 라이벌의 아킬레스건을 눈에 불을 밝히며 찾게 된다.

그런데 실제 우리 몸의 이 튼튼한 힘줄은 그 강고성에도 불구하고 부상이 잦은 부위이기도 하다. 운동선수들 중에 무리한 운동으로 아킬레스건이 약해지는 경우가 상당수 있는 것이다. 아킬레스건은 실로 아이러니 가득한 미묘한 부위다.

빛나는 한 줄 어휘

"나는 모든 실력이 다 괜찮은데 말이야, 딱 하나 수학이 아킬레스건이란 말이야!"

## 자연도태
### Natural Selection

## 살아남는 자에게는 이유가 있다

인간은 소, 돼지 같은 동물이나 밀, 벼 같은 식물을 키울 때 인간에게 유리한 형질로 끊임없이 품종 개량을 하는데, 정작 인간은 어떠한가? 다윈은 이러한 품종 개량이 자연에서도 일어난다고 생각했다. 즉 자연 환경이 생물 종을 솎아낸다는 발상을 한 것이다. 이는 라마르크의 '용불용설'과도 비슷하다. 기린의 목이 길어진 이유는 높은 나무 이파리를 먹느라 그렇게 되었다는 용불용설, 그리고 그 이파리를 먹을 수 있는 목이 긴 기린만 살아남아 생존한 결과 기린이라는 목이 긴 개체가 형성되었다는 자연도태설. 물론 이 둘 중에서는 자연도태설이 승자다.

도태는 불필요한 것을 제거한다는 뜻의 한자어인데 왠지 불필요한 느낌을 주는 단어이므로 자연선택이라 하자. 자연선택은 찰스 다윈이 자신의 저서 『종의 기원』에서 처음 제기한 이론으로, 다윈이 주창한 진화론에서 가장 핵심이 되는 것이다. 그의 주장은 이렇다. 부모의 형질이 후대로 전해질 때 자연선택을 통해 주위 환경에 보다 잘 적응하는 형질이 선택됨으로써 진화가 일어난다는 것. 이때 주위 환경 자원은 한정되어 있기에 생물은 같은 종이나 다른 종의 개체와 경쟁해서 살아남아야 하는데, 이 경쟁이 바로 생존경쟁이라는 것. 여기서 '적자생존'이라는 말도 탄생한다. 다윈은 자연선택과 적자생존을 생물 진화의 키워드로 생각했다.

이 자연선택의 과학적 사례를 보자. 1850년 한창 산업혁명 와중이던 영국에서 유럽회색가지나방 개체수에 변화가 생겼다. 이 회색가지나방은 크게 회색과 흰색으로 구분되는데, 공업화 진행으로 주위환경이 어두워지자 눈에 잘 띄는 흰색나방보다 회색나방의 생존율이 높아진 것이다. 반면 시골에서는 흰색나방의 생존율이 더 높았다고 한다.

약한 자는 죽고 강한 자는 살아남는 생물 시스템, 따라서 현대사회에서 도태되지 않고 선택받는 인간으로 살아남기 위한 적자생존의 경쟁은 더욱더 치열해져만 가는데, 그렇다면 다분히 주어진 환경에서 속수무책으로 경쟁하기보다 경쟁력 있는 나만의 환경을 먼저 찾아나서는 것이 어떨는지.

빛나는 한 줄 어휘

"모든 특혜를 없애서 경쟁력 없는 인물은 자연도태시켜야 해."

# 나비효과
## Butterfly Effect

## 폭풍 결과를 만들어낸 사소함의 힘

브라질에 있는 나비의 날갯짓이 미국 텍사스에 토네이도를 발생시킬 수도 있다. 이것이 이른바 나비효과. 1961년 미국의 기상학자 에드워드 로렌츠가 유체역학 이론을 바탕으로 이론적인 기상 관측을 시도하다가 생각해낸 원리인데, 처음에 이 현상을 설명할 때는 나비가 아닌 갈매기가 사용되었지만 이후 조금 멋지게 표현하기 위해 갈매기를 나비로 바꾸었단다.

로렌츠의 가상실험에서는 그동안 기존 물리학으로는 설명할 수 없었던 것, 초기 조건의 사소한 변화가 전체 현상에 막대한 영향을 미치는 것을 발견해냈는데, 그 변화의 흐름을 따라가보니 언뜻 혼돈스러워 보이는 속에도 나름의 질서가 있음을 확인할 수 있었다. 이로써 물리학에서 말하는 카오스 이론의 토대가 된 나비효과, 나비의 날갯짓처럼 작은 변화가 폭풍우와 같은 커다란 변화를 유발시키는 현상을 뜻하는 이 말은 이후 기상현상을 넘어 사회현상으로까지 의미가 확장된다.

현재 나비효과는 아주 사소한 것일지라도 그것이 후에 큰 사건으로 비화될 수 있다는 것, 그리고 장기예측이라는 것이 얼마나 어려운 일인지를 강변하는 의미로도 사용된다. 이 나비효과는 사실상 세계화 시대에 더욱 강한 힘을 갖는다. 디지털과 매스컴 혁명으로 정보의 흐름이 매우 빨라지면서 지구촌 한 구석의 미세한 변화는 순식간에 전 세계적으로 확산되기 때문이다.

'브라질에 비가 내리면 스타벅스 주식을 사라', 이런 제목의 책이 있다. 결코 엉뚱하지만은 않은 이 책제목 또한 나비효과를 설명해 준다. 그러니까 이 말은 브라질에 비가 와서 커피 생산량이 늘어나면 커피 가격이 떨어져 스타벅스의 이윤은 올라갈 테니 그 주식을 사면 이득을 볼 거라는 경제지침인 것.

서정주의 유명한 시 「국화 옆에서」 역시 나비효과를 표현한 것으로 볼 수 있다. '한 송이 국화꽃을 피우기 위해 봄부터 소쩍새는 그렇게 울었나보다.' 소쩍새의 '날갯짓'이 국화꽃이라는 예쁜 '태풍'을 만든 것이다.

빛나는 한 줄 어휘

"일본 후쿠시마 원전 폭발이 전 세계에 어떤 나비효과를 일으킬지 예측하기는 힘들다."

# 프로크루스테스의 침대
## Procrustean Bed

## 자기 생각만이 원칙인 독불장군

프로크루스테스란 이름은 그리스어로 '잡아 늘이는 자'란 뜻. 이 이름의 주인공은 포세이돈의 아들로 '다마스테스(얌전하게 만드는 자)'라는 별명까지 갖고 있는 무시무시한 악당이다. 아티카 지방에 살던 프로크루스테스는 자기 영지를 지나가는 나그네를 잡아 자신의 쇠침대에 눕혀놓고 결박했다. 그러고는 나그네의 몸이 침대보다 짧으면 몸을 잡아 늘여 침대 길이에 맞추고, 반대로 몸이 침대보다 길면 긴 만큼 무지막지하게 잘라버렸다. 그에게 걸린 이상 그 누구도 이와 같은 죽음을 피해갈 수 없었다. 그러니 그를 향한 사람들의 원성은 하늘을 찌를 정도였는데, 이 악당은 결국 아테네의 영웅 테세우스에게 자신이 저지른 악행과 똑같은 수법으로 자신의 침대에서 죽임을 당하고야 만다.

이 신화에서 '프로크루스테스의 침대' 및 '프로크루스테스 체계'라는 말이 생겨난 것이다. 융통성이 없고 상식과 인정이 통하지 않는 상대, 자기가 세운 일방적 기준만을 들이대며 다른 사람들의 생각을 자신의 생각에 억지로 맞추려는 아집과 편견을 꼬집을 때

이 말이 쓰인다. 우리 식으로 하면 '귀에 걸면 귀고리, 코에 걸면 코걸이'라 해도 좋을 말만 지껄이는 사람의 잣대, 제 손에 칼자루 쥐고 휘두르는 이의 못된 심보다. 그런데 이 말은 정반대의 뜻으로도 사용된다. '적재적소'의 의미로 유연한 사고를 가리키기도 하는데, 이는 프로크루스테스 침대를 사용목적이 배제된 사용수단으로만 봤을 때 가능한 해석이다.

하지만 모든 것을 제멋대로 개념정의하고 사용하는 독불장군의 뜻이 더욱 강력한 이 말을 현대에 와서 가장 적절하게 쓰고 보급시킨 사람은 『자본론』의 저자 마르크스다. 그는 헤겔의 관념론을 못마땅해하며 프로크루스테스의 침대라고 비꼬아 말했는데, 이때부터 프로크루스테스의 침대라는 말이 대중에 회자되었다고 한다.

**빛나는 한 줄 어휘**

"법이 어떻게 프로크루스테스의 침대냐고! 돈 없고 백 없다고
아무 조항에다 갖다붙여 죄인을 만들다니."

# 고르디우스의 매듭
## Gordian Knot

## 꼬인 매듭을 푸는 건 너무 힘들어

기원전 8세기경 현재 소아시아 지방에는 프리기아라는 나라가 있었는데, 이 나라를 다스리는 자가 고르디우스란 인물이었다. 그는 이 나라의 수도 고르디움의 신전에 한 대의 수레를 매어놓았는데, 그 매듭이 매우 복잡하게 얽히고설킨 매듭이라 아무도 그것을 풀 수 없었다. 그러자 여기에는 이 매듭을 푸는 자가 아시아를 정복하게 될 것이라는 전설이 붙게 되었다.

알렉산더가 이 지역을 지나가던 중 그 이야기를 듣고 당장에 달려갔다. 처음에는 나름대로 풀어보려고 애썼지만 그 절묘하게 묶인 매듭이 풀릴 리가 없었다. 화가 난 알렉산더는 지니고 있던 칼로 매듭을 단숨에 끊어버렸다고 한다.

"이렇게 간단한 것을 가지고….."

사실 그것이 유일한 해결책이긴 했을 것이다. 이로써 고르디우스의 매듭은 '대담한 방법을 써야만 풀 수 있는 굉장히 어려운 문제나 일'을 가리키게 되었다. 특히 물리적 난관을 말하기보다는 너무도 복잡하게 얽혀 있어 도무지 정체를 알기 힘든 문제를 일컫는다.

그런데 이 매듭을 해결한 알렉산더의 뒷이야기를 보면 그의 해결책에 의구심이 들긴 한다. 그러니까 매듭을 칼로 난폭하게 잘라버리고 어찌되었든 아시아의 지배자로서 지위를 약속받은 알렉산더는 이제 거칠 것 없는 정복 행진을 벌이게 된다. 소아시아와 이집트를 평정하고 페르시아를 멸망시키고 알렉산더는 마케도니아의 왕, 그리스 세계의 대표자뿐만 아니라 페르시아 제국의 후계자로서의 지위도 차지하게 된다. 하지만 그의 정복욕은 끝없이 이어졌고 그의 군대는 차츰 지쳐갔다. 결국 기원전 323년 바빌론에서 아라비아 원정을 준비하던 알렉산더는 예기치 않게 말라리아에 걸려 32세 나이로 세상을 떠나고 마는데, 그가 죽은 후 알렉산더 대제국은 극심한 혼란에 빠져든다.

고르디우스의 매듭을 푼 것은 사실이기에 알렉산더는 아시아의 정복자가 될 수 있었지만 그가 난폭하게 잘라버린 매듭처럼 그의 제국은 그의 사후 조각조각 떨어져나간 것이다.

빛나는 한 줄 어휘

"이 문제 진짜 무슨 고르디우스 매듭 같아. 왜 이렇게 풀기가 어려워?"

# 다윗과 골리앗
## David and Goliath

# 초라한 다윗의 위대한 승리

고대 이스라엘의 2대 왕 다윗은 이스라엘이 발전하는 데 혁혁한 공을 세운 인물로, 다윗과 골리앗의 이야기는 다윗이 왕이 되기 전 일어난 일이다. 때는 유대인의 숙적이던 블레셋(팔레스타인에 살던 고대 민족)과 이스라엘이 한창 전쟁 중이던 시절, 양쪽 군사들이 서로 대치하며 일대일 대결을 벌이고 있었으니, 그곳에 다윗이 혜성같이 등장한다.

당시 다윗의 형들은 전장에 나가 있었고, 아버지는 아직 군대에 가지 않은 막내 다윗에게 심부름을 시킨 터였는데, 씩씩하게 형들을 찾아 그곳에 간 다윗은 이내 흥미진진한 장면을 목격한 것이다. 상대편인 블레셋에는 키가 3미터가 넘는 어마어마하게 큰 거인 골리앗이라는 전사가 나와 떠들어댔다. "너희 중 한 놈이 나와서 나랑 맞붙어 이기면 우리 군사가 너희들 종이 될 것이고 내가 이기면 너희가 우리 종이 되어야 할 것이다."

이스라엘 백성과 신을 마구 모욕해대며 흥분해 있는 골리앗에게 몸집에서부터 기가 팍 죽은 이스라엘 병사들은 나서는 자가 아무도 없었다. 그러자 얼떨결에 그곳에 있던 다윗이 나서게 된다. 골리앗은 웃지 않을 수 없었다. 조그만 놈이, 병사도 아닌 주제에, 무장도 하지 않은 채, 배짱 하나로 버팅기고 있으니 가소로울 수밖에. 그때 다윗의 손에는 돌멩이가 들려 있었다. 다윗은 유대인의 신에게 기도하며 손에 쥔 돌을 골리앗을 향해 힘껏 던졌다. 그리고 기적이 일어난다. 돌은 골리앗의 이마에 정통으로 맞았고 거인은 즉사한 것이다.

여기서 '다윗과 골리앗의 싸움'이라 하면 달걀로 바위 치기 식의 상대가 되지 않는 싸움을 일컫는다. 결국은 다윗이 이겼는데도 불구하고 왠지 승산이 없는 불가능한 싸움을 말하게 된 것이다.

현실적으로 거대한 적을 향한 초라한 '나'의 싸움은 우리 삶에서 빈번하게 일어나는 일이기에 다윗과 골리앗이라는 말에는 비관적인 함의도 있지만, 결국 초라한 다윗이 이기지 않았던가. 다윗의 의지만을 생각하자.

**빛나는 한 줄 어휘**
"결국 다윗과 골리앗의 싸움이 될 텐데, 그렇게 무모한 도전을 꼭 해야만 할까?"

# 알파와 오메가
## Alpha and Omega

## 세상 모든 것의 시작과 끝

스물네 개 문자로 된 그리스어 알파벳에서 첫 문자가 알파(Α, α), 마지막 문자가 오메가(Ω, ω)다. 따라서 알파와 오메가는 '처음과 끝'을 뜻하거나 또는 '처음부터 끝까지'라는 본질적이고 총체적인 뜻을 나타낼 때 표현되는 비유다. 이는 원래 성서에서 유래한 말로 요한계시록을 보면 그리스도를 일컬어 "나는 알파요 오메가요, 처음과 나중이요 시작과 끝이니라"라고 지극히 높은 존재임을 비유한 구절이 있다. 신은 처음부터 끝까지 모든 것을 주관하기 때문이다. 아마도 이 말이 만들어질 당시 영어가 쓰였다면 "나는 에이와 제트이니라"라고 했을 것이며 한글이 쓰였다면 "나는 기역과 히읗이니라"라고 했을 것이다.

이 '알파와 오메가'라는 표현은 조금은 현학적이고 고풍스런 뉘앙스를 풍기는 말로서 학자들이 즐겨 사용한다. 이때는 '모든 것'이라는 의미보다는 '핵심, 요체'라는 뜻으로 정립되는데, 예를 들면 이렇다. "오카리나를 연주하는 데는 조바꿈이 알파와 오메가다." 그냥 핵심이다라고 하는 것보다 왠지 근사한 표현인 것이다.

알파와 오메가에서 파생한 표현으로 'the A to Z' 또는 'from A to Z'이 있는데 역시 '전부'라는 뜻이다. 그리고 'ABC'라고 하면 기초, 입문이라는 뜻이 된다. "경제학의 ABC도 모르면서 무슨 경제를 논하나"라는 표현이 되는 것이다.

또한 '플러스알파'라는 말을 자주 쓰는데 이것은 공식적인 것 외에 '비공식적인 무언가가 더 있음'을 가리킨다. 알파라는 말에는 실제로 '미지수'라는 뜻이 있으며 수학에서도 미지수를 가리키는 단어로도 쓰인다. 그런데 실제 'plus alpha'라는 영어표현은 없다. 영어로는 단지 'plus something' 또는 'plus extra'라고 한다. '플러스알파'는 우리나라와 일본에서만 사용되는 일본식 조어인 것이다.

빛나는 한 줄 어휘
"쌍꺼풀수술의 알파와 오메가, 매직매몰법이 각광받고 있다."

# 삼위일체
## Trinity

## 셋만 있으면 일치단결하자

신의 모습에는 세 가지 위격(位格, persona), 즉 성부(聖父)와 성자(聖子)와 성령(聖靈)이 있다는 기독교의 교의 '삼위일체'는 역사적으로는 니케아 종교회의(325년)에서 공인된 것이다. 즉 이 셋이 모두 동일한 힘과 영광을 지니며 하나의 실체인 하느님 안에 존재한다는 것. 이 삼위일체설은 기독교 성서에는 등장하지 않는 개념으로서 기독교 내부에서도 수많은 논쟁의 주제가 되어왔다. 기본적으로 유일신 사상인 기독교의 위상을 혼란스럽게 한 부분이 있기 때문인데, 어쨌든 셋이면서도 하나라는 이 사상은 자신의 내적 모순을 극복하고 하느님의 세 가지 현현으로 공식 인정받은 것이다.

비교하기는 조금 껄끄럽지만, 동양 불교에는 '회삼귀일(會三歸一)'이라는 용어가 있다. 이것은 천태종 창조이념으로서 부처의 깨달음인 일승(一乘)으로 인도하는 길에는 삼승(三乘)이라는 세 가지 길이 있다는 교리다. 조금 난해한 이 개념에서 중요한 것은 '셋이지만 결국 하나'라는 것이다.

그런데 재미있게도 철학적 성찰이 넘치는 영화 「매트릭스」에서 주인공 네오에게 매트릭스세계와 현실세계를 이어주는 매개체 역할을 하는 여전사 이름이 트리니티다. 가상세계와 현실세계 모두가 하나의 삶을 이루는 영역이라는 의미인지, 이 영화 속 등장인물들은 모두 이름부터가 자신의 맡은 바 역할을 비유하며 의미심장한 드라마를 펼친다.

그리고 인류 최초의 핵실험에 사용된 핵무기 이름 또한 트리니티이며, 이 이름은 온라인 게임명으로도 활약이 눈부시다. 바야흐로 트리니티는 종교적 엄숙성을 벗어나 세속적 의미로 훨씬 분명한 뜻을 갖는다. 예를 들어 "정부, 기업, 국민이 삼위일체가 되어 에너지 절약에 앞장서자"라는 캐치프레이즈처럼 세 가지 조직이나 틀이 있으면 사용 가능한 것으로, '일치단결'의 의미가 커진 것이다. 세 친구가 어떤 일을 도모하면서 "우리 삼위일체가 되어 일하자"라고도 할 수 있는 것인데, 귀한 태생의 말이 세속에서 그 신분을 잊고 마구 사용되고 있는 셈이다.

빛나는 한 줄 어휘

"삼위일체 하느님의 축복이 당신에게 쏟아지길 기원하나이다."

# 미란다카드
## Miranda Card

# 경찰에게 요구하는 인권보장카드

"당신에겐 묵비권을 행사할 권리가 있고, 당신이 하는 말은 당신에게 불리한 증거가 될 수 있으며, 당신은 변호사를 선임할 권리를 가진다." 미국 영화를 보면 경찰이 범인을 체포하면서 이 말을 속사포처럼 해대는 장면이 자주 등장하는데, 그 장면의 이 말이 바로 '미란다 카드'에 적힌 내용이다. 경찰은 미란다카드를 늘 휴대하고 다니며 범인 체포 시 카드 내용을 읽어줄 의무를 갖는다. 그럼 여기서 미란다는 누구일까?

미란다는 미국 애리조나에서 1966년 강도·강간 혐의로 기소된 인물이다. 체포 당시 그는 자신이 행사할 수 있는 어떤 권리도 통고받지 못한 상태에서 자백하고 자백한 내용에 서명했는데, 대법원이 그 절차가 위법하다고 판결을 내린 것이다. 그러니까 연행 당시 묵비권과 변호인 선임권을 알려주지 않고 신문해서 얻은 자백은 증거능력이 없다는 판결이었던 것. 이후 이 판결에 대한 뜨거운 논쟁이 한 차례 있고 나서 피의자에 대한 경찰의 심문 절차를 법제화함으로써 미란다 카드가 탄생한다.

카드 내용은 묵비권, 변호사 선임권뿐만 아니라, 만약 체포 당시 피의자가 돈이 없으면 국선변호인을 선임받을 수 있는 권리까지를 포함하는 것이다. 우리나라 형법에도 '형사상 자기에게 불리한 진술을 강요당하지 아니한다' '누구든지 체포 또는 구속의 이유를 알고 변호인의 조력을 받을 권리가 있다'는 것이 보장되어 있다. 우리나라에서도 미란다 원칙을 무시한 검찰의 구속사건이 위법하다는 법원의 판결이 있었다.

미란다 원칙이 형식적이고 의례적인 절차로 실제 현장에서는 잘 지켜진다고는 할 수 없지만, 개인의 기본적 인권을 보호한다는 본래 취지로 볼 때 이 원칙을 담은 카드는 누구에게라도 필요할 수 있는 소중한 인권 카드다. 만일 누군가 미란다 원칙을 지키지 않고 자신을 불법구속하려 든다면 당당히 미란다카드를 요구할지어다.

빛나는 한 줄 어휘

"불심검문에 대항하는 지갑 속 인권지킴이, 미란드카드 갖기 운동이 벌어지고 있다."

# 야누스의 얼굴
## Janus Face

## 두 얼굴의 행복과 불행

로마 신화의 인물 야누스는 집이나 도시의 출입구 등 주로 문을 지키는 수호신 역할을 맡았다. 여러 개의 문을 지키려니 그 모습이 남다를 수밖에 없었는데, 하나의 머리에 얼굴이 앞뒤로 두 개인 기괴한 형상을 하고 있다. 또한 문은 시작을 의미하므로 야누스는 모든 사물과 계절의 시초를 주관하는 신으로도 숭배되었다. 영어의 '1월(January)'이 바로 야누스에서 나온 말이다.

그런데 혐오스런 외모 탓인지 문을 지키고 시작을 의미하는 좋은 이미지의 야누스는 일상 언어에 와서는 야비한 이미지로 탈바꿈된다. 즉 두 얼굴의 사나이, 야누스의 얼굴이란 지킬박사와 하이드처럼 음성적인 면과 양성적인 면을 함께 갖고 있는 부조리한 인물을 지칭하게 된 것이

다. 그래도 지킬박사와 하이드는 자신의 이중성을 괴로워하기라도 하지, 언젠가부터 야누스는 아예 머리끝부터 발끝까지 사악함으로 가득한 인물, 극단적 성격의 인물을 가리키게 되었다. 누군가로부터 전혀 예상치 못한 반격을 받았을 때 배신감에 치를 떨며 그 상대를 지칭하는 말이 '야누스 같은 놈'이 되는 것이다.

의학용어에도 야누스는 등장하는데, '야누스 머리(Janus head)'는 하나의 머리에 몸이 둘인 샴쌍둥이의 특수한 경우로서 하나의 몸과 머리에 얼굴이 두 개인 기형아를 가리킨다.

비슷한 표현으로 '동전의 양면' '양날의 칼' 등이 있다. 동전의 양면이란 떨어지려야 떨어질 수 없는 필연적 관계를 비유하는 말로 예컨대 "행복과 불행이란 것도 사실은 동전의 양면과 같은 거지"라고 말할 수 있는 것. '양날의 칼'은 어떠한 사건 또는 물건이 자신에게 이익이 될 수도 있고 해가 될 수도 있음을 암시하는 말로 이렇게 표현할 수 있다. "새로운 입법안이 여당에겐 '양날의 칼'이 되겠군. 외부적으론 체면이 설 수도 있지만 결국 당의 쇠락을 촉발할지도 모르니 말이야." 동전의 양면이나 양날의 칼 둘 다 야누스처럼 선악의 구분은 그다지 개입되지 않고 단지 상황을 설명하는 표현이다.

빛나는 한 줄 어휘

"그 사람 완전 '야누스의 얼굴'을 가졌더군. 어떻게 그리 상황에 따라 180도 달라질 수 있냐고."

# 이카루스의 비상
## Flight of Icarus

# 무모한, 혹은 담대한 도전정신

무모한 도전 혹은 어리석은 용기를 일컫는 말 '이카루스의 비상'. 비상이란 단어가 갖는 세련미 때문인지 왠지 멋있게도 느껴지는 이 말 속의 이카루스는 누구일까?

15세기 레오나르도 다빈치가 비행기계를 고안한 이후로 20세기에 와서 라이트 형제가 실제 비행기를 개발하기까지 새처럼 자유롭게 하늘을 비행하는 것은 인류의 가장 오랜 소망의 하나였다. 그런데 이런 인류의 꿈에 최초로 도전한 인물이 바로 이카루스다. 행복하지만은 않은 이카루스의 사연을 들여다보자.

아테네의 명장 다이달로스는 탁월한 건축가요 조각가로서 걸어다니고 윙크도 하는 조각상을 만드는 등 재능이 특출했는데, 그 대표작이 크레테에 있는 미노스 왕의 미로다. 그런데 앞뒤 가리지 않고 자신의 재능을 뽐내던 다이달로스는 그만 미노스 왕의 미움을 받아 자신이 만든 미로 속에 아들과 함께 갇히게 된다. 여기서 그 아들이 이카루스다. 미로에서의 탈출을 고민한 다이달로스는 밀랍과 깃털을 이용해서 자신과 아들의 몸에 달 날개를 만들었다.

그리고 부자는 함께 힘껏 비상을 시도했다. 둘은 눈 깜짝할 사이에 에게해의 바다 위로 날아올랐다.

그러나 어리석고 교만한 이카루스는 비상에 도취되어 그만 너무 높이 날았다. 태양 가까이까지 가버린 것이다. 밀랍으로 만든 날개는 뜨거운 태양빛에 녹아버렸고 이카루스는 크레테에 가까운 바다 속에 떨어져 목숨을 잃었다. 그 후 그 바다는 이카루스의 어리석음을 기려 '이카리안 해'라고 불린다. 이카루스 비상의 최후가 그리도 허망한 것은, 하늘을 나는 것은 신의 특권이므로 신의 노여움을 산 것이라고도 할 수 있다. 그래서 그의 욕망은 어리석은 용기로 귀결된 것이다.

하지만 19세기에 신선한 발상으로 사회주의 공동체를 꿈꾸었던 모임의 이름이 '이카리아(이카루스의 나라)'였고, 1949년 기이한 궤도로 태양을 공전하던 소행성의 이름이 이카루스였던 것으로 볼 때, 무모한 도전이란 꼭 부정적인 것만은 아닐 것이다.

빛나는 한 줄 어휘

"이카루스의 비상이 헛된 열정으로 끝나지 않으려면 조금 냉정해질 필요가 있지 않을까?"

# 크레테의 미로
## Cretan Labyrinth

## 시작과 끝, 그 사이의 불가해한 복잡성

수사 드라마나 첩보영화에서 '미궁에 빠진 사건'이라는 말을 자주 듣게 되는데, 이때 미궁(迷宮)이란 바로 크레테의 궁전 안에 있는 미로를 뜻한다. 한번 들어가면 쉽사리 빠져나오기 어려운 장소나 상황을 뜻하는 미로. 이 미로의 어원 또한 미궁에서 나왔다. 역사상 가장 유명한 미로가 바로 고대 지중해 크레타 섬에 있었던 레버린스라는 미로인 것이다.

이 미로는 무모한 도전정신에 빛나는 이카루스의 아버지 다이달로스가 크레타의 왕 미노스의 명령으로 만든 것이다. 그런데 미노스가 자신의 지하궁전에 감옥도 아닌 미로를 만든 이유는 무엇일까? 아테네인 손에 죽은 자신의 아들 원혼을 달래고자 복수에 들어간 것이다. 그리하여 우선 황소의 얼굴에 몸은 사람의 형상을 한 괴물 미노타우로스를 그 미로 속에 가둬놓았다. 그리고 매년 아테네의 남녀 어린이 일곱 쌍을 미로 속에 집어넣어 그 괴물이 잡아먹게 한 것이다.

여기서 미로는 지름길과 정반대의 목적을 가진다. 출발점에서부터 목적지까지 가장 먼 거리로 돌아가게끔 만들어진 길. 출구가 있다고는 해도 아무리 애써 찾아도 제대로 된 길을 발견하기란 너무도 불가해한 죽음의 길. 하지만 들어가는 길이 있으면 반드시 나가는 길이 있는 법, 미로도 길이기에 당연히 출구가 있다.

이에 아테네의 영웅 테세우스가 이 미로 속으로 자진해서 들어가고 용감무쌍하게 괴물 미노타우로스를 처치하고 빠져나온다. 그는 어떻게 그 어려운 미로에서 길을 찾을 수 있었을까? 바로 사랑의 힘이다. 테세우스에게 연정을 느낀 미노스 왕의 딸 아리아드네가 그에게 실타래를 주었고, 그는 그것을 풀어가며 들어가고 그 실을 따라 다시 돌아나온 것. 실타래 없이는 빠져나오기 힘든 미로는 그 복잡하고 불가해한 설정 때문에 풀리지 않는 사건, 위험한 상황, 곤란한 지경 등을 상징한다.

그런데 어떻게 보면 인간 사는 세상 자체가 미로이기도 한 것. 가도 가도 출구가 보이지 않는 인생길이 너무 많은 것이다. 그러니 원하는 끝을 보기 위해서는 단연코 시작부터 긴장해야 한다.

빛나는 한 줄 어휘

"사건이 온통 미로투성이군. 제대로 된 해결책이 이리도 없나?"

# 트로이의 목마
## Trojan Horse

# 대담하고 놀라운 불도저 스파이

트로이의 목마는 그리스와 트로이 간의 전쟁, 일명 트로이 전쟁에서 그리스를 승리로 이끈 일종의 계략을 가리킨다. 그럼 트로이 전쟁이란? 고대 역사상 가장 크고 유명한 전쟁, 그리스 신화의 온갖 영웅들이 최다 출연하는 이 전쟁의 발단은, 바다의 님프 테티스와 펠레우스의 결혼식에 초대받지 못한 불화의 여신 에리스가 남긴 황금 사과였다. 이 사과를 두고 헤라와 아프로디테, 아테나가 서로 다투게 되고 결국 트로이 왕자 파리스가 심판자로 나서 아프로디테가 주인이 된다. 그 대가로 아프로디테는 파리스에게 세상에서 가장 아름다운 여인 스파르타의 왕비 헬레네의 사랑을 얻게 해준다. 아내 헬레네를 빼앗긴 스파르타의 왕 메넬라오스는 형 아가멤논과 함께 트로이 원정길에 나서 바야흐로 전쟁이 시작된 것이다.

무려 10년 동안이나 계속된 이 전쟁은 오디세우스의 계략, 즉 트로이의 목마 작전으로 그리스군이 승리함으로써 끝이 난다. 그리스군은 일부러 거대한 목마를 남겨놓고 철수하는 척 위장전술을 폈는데, 여기에 속아 넘어간 트로이군은 목마를 성 안으로 들여놓고 승리의 기쁨에 도취된다. 그러나 목마 안에는 오디세우스를 비롯한 그리스군이 숨어 있었던 것. 새벽이 되자 목마 안에 있던 오디세우스 등이 빠져나와 성문을 열어주었고 그리스군이 쳐들어와 트로이성은 함락되었다.

실로 어처구니없는 결말이지만 이렇게 해서 생겨난 말 '트로이의 목마'는 큰 이익을 볼 줄 알고 손에 넣은 것이 도리어 화근이 된 경우, 외부 요인으로 내부가 무너지는 것을 가리키는 용어로 쓰이게 되었다. 또한 몰래 적진에 진입해 적을 교란하는 스파이나 첩자를 일컫기도 하는데, 이로써 컴퓨터 사용자의 정보를 빼가는 악성 프로그램 이름 또한 '트로이의 목마'다. 자료삭제 · 정보탈취 등 사이버테러를 목적으로 사용되는 이 악성 프로그램은 목마 속에서 나온 그리스 병사들이 트로이를 멸망시킨 것처럼 상대편이 눈치채지 못하게 몰래 숨어들어 사용자가 의심하지 않고 그 프로그램을 실행하게 한다.

참으로 엄청난 스파이가 된 '트로이의 목마', 과연 어떠한 목적일 때 그 속임수는 정당화될 수 있는 것일까?

**빛나는 한 줄 어휘**

"중국의 판다 외교는 트로이의 목마 전략인 셈. 다른 나라에 판다를 선물함으로써 얻는 실익이 막강한 것이다."

# 태풍의 눈
## Typhoon Eye

## 파괴적이고 치명적인 잠재력

태풍의 눈은 파괴적이고 치명적인 잠재력을 뜻한다. 예를 들어 "이번 뇌물수수사건은 다음 총선에서 태풍의 눈이 될 전망이다"라고 했을 때 총선이라는 중요한 행사에 뇌물수수사건은 치명적인 영향력을 끼쳐 당선과 탈락을 좌지우지하게 될지도 모른다는 것.

이렇듯 어떤 사물에 큰 영향을 주는 근본이 되는 것을 비유적으로 이르는 말인 태풍의 눈은 실제 태풍 중심부를 나타내는 기상용어로, 위성사진으로 볼 때 흰 구름 사이로 맑은 지역이 마치 눈처럼 보인다고 해서 붙여진 이름이다.

태풍은 반지름 수백 킬로, 높이 십여 킬로 정도의 규모를 가진 거대한 소용돌이인데, 이 소용돌이 중심에 가까워질수록 원심력이 커지기 때문에 구름이 중앙에 생기지 못하고 근처로 밀려나면서 태풍의 눈이 생겨나게 된다. 태풍의 눈은 바람이 불지 않아 매우 고요한 지역이다. 거의 둥근 모양으로 된 역내에서는 하강기류가 강하고, 지상에서는 푸른 하늘이 보이며, 우주에서 이것은 깔때기 모양으로 보인다.

그런데 이 폭풍 속의 고요와도 같은 태풍의 눈, 치명적 잠재력을 갖는 정적의 순간은 실은 우리 삶에 꼭 필요한 것이기도 하다. 바깥의 거센 소용돌이에 함께 휘말려들지 않고 자기 중심을 갖는 일 말이다.

정중동(靜中動), 동중정(動中靜)이란 표현이 있다. '정중동'은 고요한 가운데의 움직임을 뜻하는 말로 겉으로는 쉬는 듯 보이면서도 실상은 끊임없이 무언가를 모색하고 있음을 나타내며, '동중정'은 반대로 움직이는 가운데 고요함이 있는 것을 가리키는데, 이 두 가지 표현은 태풍의 눈과는 의미상으로는 다르지만 삶의 완급과 강약을 조절하는 일이 중요하다는 점에서 비슷한 가치를 갖는 말이다.

그러니까 각자의 삶 속에 자신만의 태풍의 눈을 만들어 그 고요함을 취해야 태풍처럼 강력한 내일의 힘을 가질 수 있지 않겠냐 하는 말인 것. 하루하루 나를 돌아보는 성찰의 시간이 ㅏ만의 치명적 잠재력이 될 것이다.

빛나는 한 줄 어휘

"유튜브 조회수 100만 건을 기록한 화제의 인물이 방송계 태풍의 눈으로 떠오르고 있다."

# 미다스의 손
**Midas touch**

## 결코 채울 수 없는 욕망의 손

만지는 것마다 황금으로 변하는 손을 가졌다는 미다스. 미다스는 그리스 신화 속 인물이기도 하고 실존 인물이기도 하다. 실존인물 미다스는 역사가 헤로도토스 책에 기록되어 있는데, 그에 따르면 미다스는 기원전 8세기경 소아시아 프리기아의 왕이었다. 사실상 인명이기보다는 왕조 이름으로 추측되는 미다스. 그 왕조의 최후를 장식한 미다스 왕은 외적의 침입을 받고 자살했다고 하는데, 그렇다면 신화 속 인물 미다스는 불운한 결말을 갖는 실제 미다스와는 달리 행복하기만 한 인물이었을까?

그리스 신화에 따르면, 성정이 매우 탐욕스러웠던 미다스 왕은 엄청난 재산을 가지고 있었음에도 만족하지 않고 더 많은 부귀를 원했다고 한다. 그래서 그는 술(酒)의 신 디오니소스에게 잘 보여 손에 닿는 모든 것을 황금으로 변하게 해달라고 간청했다. 술에 취한 상태에서 디오니소스는 기분 좋게 소원을 들어주었고, 신이 난 미다스는 정원의 나무, 돌, 침대 할 것 없이 닥치는 대로 황금으로 만들었다.

그러나 예기치 않은 문제가 발생했으니, 만지기만 하면 황금이 되는 탓에 도대체 음식을 먹을 수가 없었던 것이다. 상심한 그는 무심코 자기 딸을 안았다가 기겁을 했다. 사랑하는 딸조차 금덩어리가 된 것이다. 뒤늦게 자신의 욕심을 반성한 미다스는 디오니소스에게 다시 원래대로 되돌려달라고 간청했으며, 그 뒤 다시는 헛된 욕심을 부리지 않았다고 한다.

미다스의 손은 여기서 유래한다. 일명 마이더스의 손. 오늘날 미다스는 '탐욕, 과욕'을 지칭하며, '돈 버는 재주'라는 뜻을 지닌 숙어로도 쓰인다.

자본주의 시대를 살아가는 인간은 누구나 자신의 손이 '돈 버는 재주'를 가진 미다스의 손이기를 바라지만 우리가 잊지 말아야 할 것은 신화 속 미다스 왕의 뒤늦은 깨달음이다. 인간의 욕망이란 아무리 채워도 끝이 없다는 것. 그것만 확실히 안다면 자신의 욕망으로부터 조금은 자유로워지지 않을까?

빛나는 한 줄 어휘

"그 행복영화사 사장, 완전 미다스의 손을 가졌더구먼. 손대는 영화마다 흥행대박이잖아."

# 아틀라스
## Atlas

## 지구를 들어올린 인류 최초의 슈퍼맨

그리스 신화에 나오는 거인 신 아틀라스는 인류에게 불을 선물한 프로메테우스와 형제지간이다. 이들 티탄신족(神族)과 올림포스 신들이 천계를 제패하기 위해 일대 결전을 벌였는데, 아틀라스가 속한 티탄족이 패하고 제우스가 제왕의 자리에 오르자 제우스는 바로 응징에 들어간다. 천계를 어지럽혔다는 죄로 아틀라스에게 어깨로 천공(天空)을 떠받치는 벌을 받게 한 것이다.

그리스어 아틀라스는 '운반하는 자'라는 뜻과 함께 '참는 자'라는 뜻도 있다. 이름처럼 아틀라스는 엄청난 인내의 세월을 보내게 된다. 고대 미술 작품들에서 그가 하늘이나 천상계를 떠받치고 있는 모습으로 묘사된 것을 자주 볼 수 있다.

한편 그리스의 영웅 페르세우스가 괴물 고르곤을 퇴치하고 돌아오는 길에 아틀라스를 찾아가 잠자리를 청했는데 보기 좋게 거절당하자 화가 난 페르세우스는 보는 사람을 돌로 만들어버리는 고르곤의 죽은 머리를 아틀라스에게 내보임으로써 그를 돌로 변하게 했다고도 하는데, 이것이 아틀라스산맥이라는 이야기도 있다.

이러한 신화 속 이야기는 하늘이 왜 떨어지지 않는지 궁금해하던 옛사람들의 호기심에서 생겨난 것으로, 결국 높은 산, 힘센 인물이 하늘을 떠받치고 있을 것이라고 생각한 고대인의 무한한 상상력을 느끼게 해준다. 지구를 들어올린 인류 최초의 슈퍼맨 아틀라스는 이렇게 해서 태어난 것이다.

고대에 번성했던 해양제국이었으나 대지진과 홍수로 하루아침에 바다 밑으로 사라져버린 전설 속 신비의 섬 아틀란티스도 아틀라스에서 유래한 것으로, '아틀라스의 섬'을 뜻하는 말이다. 중세부터 많은 사람들이 이 섬을 찾아 대서양을 탐험함으로써 이 말은 대서양(Atlantic Ocean:아틀라스의 바다)의 어원이 되기도 한다.

또한 영어와 프랑스어에서는 아틀라스가 지도를 뜻하기도 한다. 이것은 근세에 만들어진 지도책에 지구를 떠받치고 있는 그의 그림이 들어 있던 데서 유래한 것이다.

빛나는 한 줄 어휘

"아니 네가 무슨 아틀라스라도 된다고 그런 수모를 감당하려는 거냐?"

# 판도라의 상자
## Pandora's Box

# 호기심이 낳은 불행,
# 그래도 기특한 희망

제우스가 대장장이 헤파이토스를 시켜 만든 최초의 여성 판도라.
『성서』속 이브보다 먼저 탄생한 판도라 역시 이브처럼 여성에 대
한 안 좋은 이미지를 형성하는 데 기여하는 인물이다. 그러니까 제
우스가 굳이 여성을 만든 이유가 불순하다고도 볼 수 있는 것.

판도라는 '모든 선물을 받은 자'로 탄생한다. 따라서 아폴론에게
서는 음악적 재능을, 아프로디테에게서는 아름다움을 선물받는
등 온갖 신들의 멋진 선물로 미모와 지성을 겸비하게 된다. 하지
만 제우스의 선물은 독특했다. 덜렁 웬 상자 하나뿐이었던 것. 게
다가 선물로 준 것을 열어보지 말라고까지 했으니 '인간으로서,
게다가 여성으로서의 호기심 충만한' 판도라에게는 참으로 난감한
선물이었다.

제우스는 늘 인간 편에 서서 인간을 신처럼 만들려고 하는 티탄신
족 프로메테우스와 에피메테우스 형제가 못마땅했다. 프로메테우
스는 인간에게 불까지 훔쳐다주지 않았던가.

프로메테우스의 동생 에피메테우스에게
시집간 판도라는 상자에 대한 궁금증으로
미칠 지경이었다. 제우스의 의도를 눈치챈 남
편이 절대 열지 말라고 충고했지만 호기심을
이기지 못한 판도라는 조심스레 상자를 열고야
만다. 거기에는 인간들에게 고통과 상처를 주는 온갖
질병, 스트레스, 질투 따위가 들어 있다가 판도라
의 실수로 순식간에 세상 밖으로 퍼뜨려지게 된다.
깜짝 놀란 판도라는 상자를 얼른 덮어버리고 후회하지만 때는 이
미 늦은 법. 그런데 상자 맨 밑바닥에는 아직 빠져나오지 못한 한
가지가 숨쉬고 있었으니 그것이 바로 '희망'이다. 그리하여 인간은
어떤 고통의 순간에도 끝내 희망만큼은 품고 살아가는 존재가 되
었다는 것이다.

결국 괴팍하기 이를 데 없는 제우스가 인간에게 준 선물은 '호기
심'이었던 셈인데, 그 호기심을 충족한 대가는 인간의 '희로애락'
을 수놓는 다양한 요소들이었다. 어찌 보면 그야말로 인간적인 우
리 성품을 판도라 덕분에 가지게 된 것이라고도 할 수 있지 않을
까? 절대 지치지 않는 희망까지도.

**빛나는 한 줄 어휘**

"그 사건, 그야말로 판도라의 상자로군. 알아봤자 좋을 것 하나 없겠네. 관심 끊어!"

# 보이지 않는 손
Invisible Hand

## '그냥 내버려둬'의 경제학적 개념

경제사 어록에서 당당히 앞자리를 차지하는 애덤 스미스의 명구 '보이지 않는 손'.

영국의 고전파 경제학자인 애덤 스미스가 자신의 저서 『도덕감정론』과 『국부론』에서 각각 한 번씩 사용한 이 말 '보이지 않는 손'은 각 개인이 자기 이익에 따라 경제행위를 하면 자연히 시장경쟁이 생기고 발전이 이루어진다는 맥락을 갖는 말이다.

여기서 '보이지 않는 손'의 작동은 개인의 이기심을 전제로 한 것으로, 예를 들어 농부가 쌀을 생산하는 것은 사회 전체를 위해서가 아닌 자기 자신만을 위해서 하는 일일진대 이렇게 개개인이 자신의 이기심에 따라 사적 이윤을 추구할 때 시장은 '가격' 즉 보이지 않는 손에 의해 수요와 공급이 자율적으로 조절된다는 것이다.

이렇듯 시장경제체제를 설명하면서 애덤 스미스는 가격을 '보이지 않는 손'이라고 표현한 것인데, 국가 간의 무역 또한 각국 정부가 간섭하지 않고 내버려두면 알아서 국제 분업이 일어나고 효율적 생산이 가능해진다는 것이다.

그렇다면 이 말은 사실일까? 물론 자본주의가 막 성숙해가던 무렵에 '보이지 않는 손'의 활약은 눈부셨다. 적절한 환경에서 '보이지 않는 손' 즉 자기 통제 메커니즘이 잘 활용된다면 상당히 자유로운 질서가 확립될 것이다.

그러나 자본주의 물결이 거세지면서 상황은 달라졌다. 적절한 환경은 과도한 환경으로 변했다. 생산력은 발달해서 상품생산은 늘어가는데 빈곤한 대중은 그 상품들을 소비하지 못하게 된 것이다. 바야흐로 생산과잉과 경제공황이 잦아지면서 '보이지 않는 손'은 그 역할을 보이지 못하고 국가가 직접 경제에 개입해야 할 필요성이 생겼으니, 국가가 '보이는 손'을 사용해 수요를 창출하고 생산을 조절해야만 하게 된 것이다.

'경제를 살리자'는 합의가 하나의 아우성이 된 현재, 분명 '보이지 않는 손'의 미미한 역할을 국가가 적극적으로 떠맡아 현명한 대처 능력을 보여야 할 것이다.

**빛나는 한 줄 어휘**

"분명 이 사건에는 보이지 않는 손이 개입된 게 틀림없어."

# 레세페르
### Laissez-faire

## 특권 없는 자유경제를 위하여

프랑스 중농주의자, 영국의 고전경제학자 등이 주창한 하나의 슬로건 '레세페르'. 중세 때 경기 시작을 알리는 신호로 쓰인 '레세페르 레세알레(Laissez faire, laissez aller)' 즉 '길을 열어주고 방임하라'는 말에서 나온 레세페르는 자유방임주의를 뜻하며, 이는 사유재산과 기업의 자유를 옹호해 여기에 대한 국가권력의 간섭을 최소한으로 제한하자는 것이다.

이 경제학적 슬로건을 더욱 체계화한 인물이 애덤 스미스다. 그 유명한 '보이지 않는 손'이 등장하는 것이다. 애덤 스미스는 모든 가치의 원천을 상품을 생산하는 노동으로 보았다. 그리고 생산된 상품이 시장에서 교환될 때, 어떤 규제도 없는 자유로운 교환이야말로 생산과 분배를 균형 있게 조정하는 힘이라고 보았다. 여기서 생산과 가격은 '보이지 않는 손'이 적절하게 조절하기 마련이니 정부는 굳이 나서서 이래라 저래라 간섭하지 않는 것이 경제에 도움이 된다는 것.

하지만 이와 같은 완전한 자유주의가 대내외적으로 실현된 것은

19세기 후반의 영국뿐, 다른 후진 자본주의 국가에서는 대외적으로 보호정책을 채택하지 않을 수 없었다.

자유방임주의를 일컫는 레세페르는 곧 국가 규제에 대한 날선 비판이었다. 그런데 자본주의가 발달하면서 국가 규제로 혜택을 보는 이해집단이 달라지면서 문제가 발생한다. 레세페르는 태생이 한껏 진보적인 경제개념으로서 아마도 '특권 없는 공정한 사회'를 꿈꾸면서 태어난 말일 텐데, 현재는 '독점 규제'를 반대하는 지극히 보수적인 개념으로 방향을 선회한 것이다. 따라서 19세기 제국주의 시대를 맞아 자본주의가 독점단계에 들어서면서부터 자유방임주의는 지지를 잃고 말았다.

레세페르의 본래 취지처럼 진정한 시장경제는 특권을 인정하지 않는다. 시장경제가 지향하는 자유방임은 결코 방치가 아닌바, 맹목적 자유는 방종일 뿐인 것이다.

빛나는 한 줄 어휘

"초기 자본주의의 슬로건 레세페르가 시대착오적 구호가 된 지는 이미 오래다."

셋째 어휘군

# 삶의 '멋'과
# '흥'을 배워라

Learn 'style'
and 'excitement'
of life

할 수 있는 것과 할 수 없는 것을 분별하는 능력이 행복을 가져오는 법.
할 수 있는 것은 직접 행하고 할 수 없는 것은 따로 즐겨라.

# 머피와 샐리의 법칙
## Murphy's law, Sally's law

# '왜 나는 하는 일마다 이렇게…?'

"중요한 시험을 보는 날, 기다리는 버스는 어지간히도 오지 않는다. 그래서 오랜만에 택시 한번 탔더니 교통사고가 발생한다. 간신히 들어간 시험장에서 시험문제는 꼭 안 본 부분에서만 집중돼 나온다." 왠지 행운의 여신은 나를 미워하는 것만 같은 상황에서 '왜 나는 하는 일마다 이렇게 꼬인담.' 한탄하는 경우 적용되는 용어가 머피의 법칙이다.

이는 일종의 경험법칙으로, 미국 에드워드 공군기지에 근무하던 머피 대위가 1949년 처음으로 사용한 말. 당시 조종사들에게 시행한 급감속 실험이 사소한 실수 때문에 모두 실패하자 실험을 설계한 머피가 "어떤 일을 하는 데 여러 가지 방법이 있고 그 가운데 한 가지 방법이 재앙을 초래할 수 있다면 누군가는 꼭 그 방법을 쓴다"고 말한 데서 유래한 것. 그 뒤 일이 좀처럼 풀리지 않고 오히려 갈수록 꼬이기만 하며 되는 일이 없을 때 흔히 이 말을 사용한다. 인생살이에서 나쁜 일은 겹쳐서 일어난다는 설상가상의 법칙으로 곧잘 인용되는 것이 머피의 법칙.

이와는 반대로 우연히도 자신에게 유리한 일만 계속해서 일어나는 것을 가리켜 샐리의 법칙이라고 한다. "친구와 영화 보기로 한 날, 약속시간 30분 늦었는데 상대는 35분 늦게 도착한다. 극장에서 새치기를 했는데 십만 번째 관객으로 뽑혀 상품을 탄다. 신나게 놀고 귀가했더니 바로 소나기가 퍼붓는다."

샐리의 법칙은 이게 웬일인가 싶을 정도로 세상이 내 편만 드는 것처럼 행운이 거듭되는 것. 여기서 샐리는 영화 「해리가 샐리를 만났을 때」에서 배우 맥 라이언이 맡은 역으로, 엎어지고 넘어져도 결국은 해피엔딩으로 나아가는 샐리의 모습에서 힌트를 얻은 것이다.

그런데 사실상 머피의 법칙이나 샐리의 법칙은 모든 일어난 현상을 결과 중심적으로 바라본 데서 비롯된 유쾌 불쾌의 감정일 뿐, 매사에 원인 없는 결과란 결코 있을 수 없는 법. 결과를 탓하기보다 원인을 따지는 습관만이 이들 법칙을 무너뜨릴 수 있다.

빛나는 한 줄 어휘

"난 세차만 하면 꼭 비가 온다니까, 아무래도 머피의 법칙을 피해갈 수 없는 것 같아."

# 악어의 눈물
## Crocodile Tears

# 속으론 웃으면서 겉으로 흘리는 눈물

어느 날 나일강변에 목욕을 갔던 한 아이 엄마가 잠시 한눈을 파는 사이 포악하기 그지없는 나일강 악어가 그만 아이를 빼앗고 말았다. 기겁을 한 엄마는 악어에게 아이를 돌려달라고 통사정을 했다. 이때 악어는 아이 엄마에게 묘한 질문을 한다. "내가 이 아이를 돌려줄까 안 돌려줄까? 어디 한번 맞춰보시지. 맞으면 내 기꺼이 돌려주지!"

이게 바로 악어논법이다. 결국은 자기 마음대로 결정하고 아이를 잡아먹겠다는 궤변인 것. 이 심술 사나운 악어는 실제 먹이를 먹을 때 눈물을 흘린다고 한다. 자신의 먹이가 된 동물의 죽음을 슬퍼해서? 물론 아니다. 이유는 눈물샘 신경과 입을 움직이는 신경이 같기 때문이다. 눈물이 입안에 수분을 보충해줘 먹이를 삼키기 좋게 해주는 것이다. 그런데 사람 중에도 이와 같은 경우가 있으니, 이들은 일명 '악어 눈물 증후군' 환자다. 이 증상은 대개 얼굴 신경 마비 후유증으로 나타나는데, 이 환자들은 침샘과 눈물샘의 신경이 엉켜서 마치 악어가 먹이를 먹을 때처럼 침이 나올 때 눈물을 함께 흘린다. 심지어 음식 생각만 해도 눈물을 흘린다고 한다. 아무튼 이집트에는 악어가 사람을 잡아먹고 난 뒤에 그를 위해 눈물을 흘린다는 이야기가 전해지고 있고, 이에 셰익스피어도 자신의 여러 작품에서 이 전설을 인용하고 있다. 위선적 인간은 고래로 어디에나 등장하기에.

이처럼 먹이를 잡아먹으며 거짓으로 흘리는 악어의 눈물은 사람들 사이에서 '거짓눈물' '위선자의 눈물'로 굳어졌다. 특히 선거에서 이긴 정치가가 패배한 정적 앞에서 눈물 흘릴 때, 강자가 약자 앞에서 거짓으로 동정의 눈물을 흘릴 때 이는 모두 악어의 눈물에 해당한다.

그런데 악어가 정말 눈물 흘릴 일도 있었으니, 수년 전 미국 호수에 유입된 농약이 성숙한 악어의 음경을 작게 해 생식장애를 일으킨 현상이 발견된 것. 이 사건은 '환경호르몬'의 대표 피해 사례로 꼽히게 됐는데, 그때 악어는 진짜 슬퍼했을까?

**빛나는 한 줄 어휘**

"비통한 마음을 감출 수 없다고? 그 사람 악어의 눈물 이젠 지긋지긋해."

# 피에로
**Pierrot**

## 나를 보고 웃는 슬픈 익살꾼

폭넓은 주름 칼라가 달린 하얀 색 윗옷에 넓고 헐렁한 바지, 하얗게 분칠한 얼굴에 빨간 주먹코. 우스운 외양이면서도 왠지 짠한 연민을 불러일으키는 이 익살꾼 피에로의 원형은 이탈리아 희극 주인공이다. 즉 16세기 이탈리아의 즉흥희극 '코메디아 델라르테'에 등장한 페드로리노가 원조 피에로인 것. 여기서 페드로리노는 허우대 멀쩡한 젊은 시종으로 수줍은 성격에 언제나 사랑에 실패해 동료들에게 짓궂은 장난의 대상이 되는 인물이다.

이 페드로리노는 프랑스로 와서 피에로라는 이름으로 바뀌어 대사 없는 무언극에서 큰 인기를 누리게 되는데, 프랑스의 무언극 배우 드보라우는 줄타기 곡예사를 독창적으로 변형, 천진난만하고 서투르며 때로는 희극적이고 때로는 감상적인 인물 피에로를 개발해낸다. 19세기에는 팬터마임을 대성한 장 드뷔로가 '사랑에 상심한 피에로'라는 전형적인 타입을 창조해 우스운 동작 가운데 스며나오는 피에로의 애수를 표현해 사람들의 사랑을 받았다.

현대에는 장 루이 바로가 피에로 역으로 유명하다. 독일에는 여장

(女裝)에 가까운 얼굴모양을 한 피에로도 등장했는데, 이를 피에레
테라고 한다. 이들 독창적인 익살꾼 피에로는 당연하게도 많은 작
가나 화가들에게 작품 영감을 주었으니, 미술에서는 와토를 위시
한 18세기 회화와 19세기 이후의 근대회화, 특히 루오 · 피카소 등
의 작품에 자주 등장한다.

그런데 웃고 있는 피에로가 왜 슬퍼 보일까? 사실상 극중에서 피
에로는 구박덩어리인 것, 모진 구박을 받으면서도 재주 부리며 익
살을 떠니 웃기지만 슬픈 것이다.

이 피에로와 거의 같은 의미로 쓰이는 어릿광대는 사실상 피에로
의 상위개념으로, 생김새와는 달리 단순하지 않고 복잡한 인물이
다. 다른 연극 등장인물과는 달리 연기자와 자기 본연의 입장을
모두 갖춘 것이 특징인데, 창조적 행동으로 사람들에게 즐거움을
주는 어릿광대는 중세 유럽에서는 높은 신분의 후원자들까지도
조롱할 수 있는 직업이었다고 한다.

빛나는 한 줄 어휘

"피에로처럼 바보같이 웃지만 말고 네 본심을 털어놓으란 말이야."

# 마타도어
## Matador

## 대중을 현혹하는 음흉한 정치 모리배

'보다 자극적인, 더욱 짜릿한' 쾌감을 원하는 인간의 본성에 딱 들어맞는 경기가 스페인의 투우경기 아닐까? 피를 보아야 끝내는 경기이니만큼 다른 어느 경기보다 위험하며 스릴 넘치는 장면이 연출되는데, 즉 잔뜩 흥분한 소를 붉은 망토로 유인해 더욱더 거칠게 몰아붙이며 지치게 만들어서는 결국 칼로 찔러 죽이는 이 경기, 관중들의 열화와 같은 성원을 받는 이 투우경기의 주연이 마타도어다.

투우에서는 투우사가 여럿 등장하는데, 소에게 작살을 꽂는 투우사가 반데릴레로, 말을 타고 창으로 소를 찌르는 투우사가 피카도르, 그리고 소를 유인해 결정적으로 소의 정수리를 찔러 죽이는 투우사가 마타도어다.

여기서 붉은 망토를 휘두르며 소를 흥분시키는 이 주연 투우사의 모습에서 떠오르는 이미지에 착안해 마타도어는 정치용어로도 사용된다. 그러니까 마타도어란 근거 없는 사실을 조작해 상대편을 중상모략하거나 그 내부를 교란시키기 위해 하는 '흑색선전'의 의

미로 정치권에서 널리 쓰이는 것이다.

흑색선전, 비밀선전이라 함은 적국의 국민이나 군인으로 하여금 전의를 상실하게 하거나 사기를 저하시켜 정부나 군대를 불신하게 함으로써 국민과 정부, 군대와 국민 간을 이간할 목적으로 행해지는 행위를 의미하는데, 마타도어는 그 행위를 말하기도 하고 그 행위를 일삼는 정치꾼들을 직접 가리키는 말이기도 하다.

이와 비슷한 말로 데마고그라는 것도 있다. 중상모략을 통해 대중을 선동하는 정치꾼을 일컫는 말인데 독일 히틀러가 대표적 인물이다. 원래 데마고그는 고대 그리스나 로마 시대에 대중의 지지를 기반으로 하는 정치가 또는 웅변가를 일컫는 말이었던 것이 현재는 대중 영합적 정치꾼을 비난하는 말로 그 의미가 바뀐 것. 마타도어나 데마고그나 모두 진정한 정치가보다 얄팍한 정치꾼이 득세하는 세상이 만들어낸 말이다.

빛나는 한 줄 어휘

"구태의연한 옛날식 마타도어는 현재 정치권에서 더 이상 통하지 않을 것이다."

# 다크호스
## Dark Horse

# 알 수 없는 신비의 우승후보

다크호스는 어두운 말이 아니라 검은 말, '예상치 못했던 경쟁상대'를 뜻한다. 검은 말인 걸 보니 경마에서 유래된 용어임을 알 수 있다. 과거 영국의 경마 경주에서 아주 출중한 우승 예상마를 물리치고 전혀 예상하지 않은 말이 갑자기 두각을 나타내 그 경주에서 승리하게 되었는데, 그 말의 색깔이 주위의 다른 말들과 달리 검은 색이었다고 한다. 그때 이후로 다크호스란 말이 대중에게 회자되기 시작했다는데.

또한 1831년에 정치가이자 소설가 벤저민 디즈레일리가 자신의 작품에서 이 경마 용어를 사용하면서 '다크호스'는 선거·경기 등에서 예상 외로 힘을 가진 후보자나 선수를 말하는 용어로 일약 떠오르게 되었다. 참고로 디즈레일리는 세 가지 거짓말로 유명한 인물인즉, 그는 이런 말을 남겼다. "세상에는 세 가지 거짓말이 있다. 그럴 듯한 거짓말, 새빨간 거짓말, 그리고 통계." 통계라는 그럴 듯한 거짓말에 속지 않기 위해 다크호스를 눈여겨보아야 한다는 것일까? 사실상 '다크(dark)'에는 '일반에게 알려지지 않은 비

밀'이란 뜻도 있다.

한자어로는 이동하는 적을 기습 공격하기 위해 은밀히 배치되어 잠복해 있는 병력을 '복병'이라 하는데, 다크호스는 이 복병과도 같은 것, 뜻밖의 변수를 일컫는다. 다크호스는 확실히 모든 분야에서 떠오르는 샛별이다. 정치, 경제, 스포츠 등등에서. 그간의 활동이 두드러지지 않았는데 갑자기 명쾌한 정치적 비전을 제안한 정치가, 짧은 기간 안에 고속 성장을 한 중소기업체, 막강 선수들 틈에서 자신의 존재감을 유감없이 펼치는 운동선수 등이 모두 자신의 분야에서 선두권에 진입하는 검은 말이 되는 것이다. 하지만 잊지 말아야 할 것은 다크호스란 잠시 잠깐의 영예라는 것. 떠오르려면 확 떠올라야지 떠오르는 시간이 너무 길면 더 이상 다크호스가 아닌 것. 다크호스로 지목받은 순간 확실히 어둠을 가르는 빛이 되든가 그냥 어둠 속으로 사라지든가 해야 하는 것이다.

빛나는 한 줄 어휘

"이제 드디어 저 선수가 다크호스의 본색을 드러내고 전력질주하는군."

# 마그데부르크의 반구
## Magdeburg hemisphere

# 열정 가득한 탐구정신의 소산

고딕 양식의 아름다운 마그데부르크 성당이 유명한 독일 중부 도시 마그데부르크. 이곳에 최초로 창설된 루터파 대학 마그데부르크 대학의 총장 오토 폰 게리케는 훌륭한 물리학자이기도 했는데, 1654년 어느 날 그는 하나의 이벤트처럼 자신의 실험을 공개 시연한다. 총장으로서의 역할뿐만 아니라 학문적으로도 열정 가득했던 그는 이미 그전에 공기펌프까지 발명하는 등 대기압의 힘을 보여주기 위해 고군분투했었는데, 그가 공개 시연에서 보여준 대기압 실험이 바로 마그데부르크의 반구 실험이다.

황제를 비롯한 많은 명사들이 지켜보는 가운데 게리케는 두 개의 구리로 만든 반구를 정확히 맞붙인 뒤 그 안의 공기를 제거하여 구 안을 진공상태로 만들고, 두 개의 반구를 양쪽에서 말 여덟 마리씩이 잡아끌게 했다. 말 여덟 마리라면 무려 8마력의 힘이 잡아끄는 것이었음에도 이 한 쌍의 반구는 끄떡도 하지 않았다. 이 실험을 지켜본 모든 사람들의 눈이 휘둥그레졌음은 물론이요, 이로써 대기압의 힘이 얼마나 대단한지가 생생하게 입증된 셈이었다.

게리케의 이 실험 결과는 곧이어 등장할 산업혁명, 과학기술 진보에 막대한 공헌을 했고, 이에 사람들은 실험에 사용된 구리 반구를 기리고자 마그데부르크의 반구라 이름붙인 것이다.

진공에 대해 사람들이 정확하게 알게 된 것은 이 마그데부르크의 반구 실험부터이지만 고대 그리스 시대 과학자들도 진공 상태에 대해 어렴풋이나마 알고는 있었다. 고대 그리스에서 국자 대용으로 쓰던 가느다란 대롱인 '물도둑'이 바로 진공을 이용한 일상용품이었던 것.

문제는 치열한 과학적 탐구정신과 그 성과다. 게리케는 그때까지 막연했던 진공 관련 지식들을 학문적 깊이와 확신을 갖고 개념화하는 성과를 이룬 것이다. 그런데 대학 총장이 자신의 지위에 안주하지 않고 이렇게 실험정신이 투철할 수 있다니, 그것이 실로 놀랍다.

빛나는 한 줄 어휘

"마그데부르크 반구 실험이라도 하려고? 그런 열정이 있다면 얼마든지 봐주지."

# 부메랑
## Boomerang

## 내가 놓은 덫에 내가 걸릴 수도…

'자업자득'이란 말이 있다. 자기가 저지른 일의 과보는 반드시 자기 자신에게 돌아감을 뜻하는 한자성어. 이는 자신이 만든 줄로 제 몸을 스스로 묶는다는 뜻의 자승자박, 모든 일은 반드시 바른 데로 돌아감을 일컫는 사필귀정과도 통하는데, 이 모든 말을 하나의 도구로 표현하면 바로 '부메랑'이 된다.

부메랑은 기역자 모양으로 된 나무 막대기로서, 던지면 다시 제자리로 돌아오는 도구다. 본래 오스트레일리아 원주민이 사용하던 것으로, 한쪽 끝을 잡아 손목을 비틀면서 던지면 회전하면서 똑바로 날아가다가 목표물을 맞히지 못할 경우 옆으로 회전 상승해서 다시 원을 그리고 되돌아온다. 생김새는 그리 강해 보이지 않지만 그 쓰임새는 상당히 위력적인 무기다. 실제 90~200미터까지 날아갈 수 있고 45미터 높이에 이르기도 하며 몇 번이나 회전하는 것도 있다. 사실상 표적물에 명중하지 않으면 제자리로 돌아오는 것과 돌아오지 않는 것이 있다. 가볍고 되돌아오는 것은 사냥용, 무겁고 되돌아오지 않는 것은 전투용 무기다.

이러한 무기 부메랑을 놀이로 즐기는 운동경기도 있으니 호주의 부메랑경기가 그것. 경기에서는 부메랑이 얼마나 정확히 제자리로 돌아오는지, 얼마나 멀리 오래 날아가는지 등을 겨룬다. 최근에는 물리적 기법을 응용한 새로운 형태의 부메랑들이 많이 보급되고 있으며 부메랑경기는 신종 레포츠로서 동호회 등을 중심으로 각광받고 있다.

자업자득의 의미로 많이 쓰이는 부메랑의 특징에서 파생한 '부메랑 효과'라는 경제용어도 있다. 이는 선진국이 개발도상국에 경제원조나 자본투자를 한 결과 현지생산이 활발해지고 마침내 그 제품이 현지시장의 수요를 충족시키고도 남아 선진국에 역수출되어 선진국의 해당산업과 경합을 벌이는 현상을 말한다.

어쩌면 던지는 그 순간에 이미 운명이 예정된 부메랑, 부메랑이 우리에게 주는 교훈이라면 믿는 도끼에 발등 찍힐 일은 애초에 하지 말라는 것이 아닐까?

빛나는 한 줄 어휘

"이번엔 네가 차이다니, 네가 차버린 그 사랑이 부메랑이 되어 돌아온 거겠지."

# 아이비리그
## Ivy League

## 미국을 이끄는 엘리트 지성의 산실

한국사회나 미국사회나 학벌은 족쇄처럼 한 사람의 인생을 얽어
매는 것. 아이비리그는 미국 내 최고 학벌을 뜻한다. 미국 동부에
있는 명문대학 여덟 곳을 가리키는데, 설립 순서대로 보면 하버
드, 예일, 펜실베이니아, 프린스턴, 컬럼비아, 브라운, 다트머스,
코넬이 그 최고 엘리트 대학군이다. 아이비리그에 대한 미국 학생
들의 동경과 열정은 실로 대단하다.

그런데 왜 이 학교들이 아이비리그일까? '아이비'란 담쟁이덩굴을
의미하는 것으로 미국의 오래된 대학에는 아이비로 덮인 건물이
많은 데서 비롯된 말이다. 1954년 이들 여덟 개 대학이 '아이비
그룹 협정'을 맺고 일 년에 한 번씩 미식축구 경기를 열기로 함으
로써 아이비리그가 시작되었다. 이후 이 말은 점차 스포츠 영역을
넘어 조직 구성체인 '명문' 사립대학을 가리키는 일반 호칭이 된다.
아이비리그는 학문적 우수성, 까다로운 입학조건, '최고 인재의
등용문'을 통칭하는 대명사가 되어 전 세계에 널리 알려졌는데, 오
랜 역사와 아름다운 캠퍼스, 우수한 재정을 기반으로 실제 많은

훌륭한 인재를 배출해내고 있으니, 똑똑한 자식을 둔 부모라면, 그리고 꿈이 있는 학생이라면 모두가 소망하는 대학으로 우뚝 서 있는 것이다.

모든 것에 순위 매기기를 좋아하는 우리나라 사람들은 아이비리 그 내에서의 순위에도 관심이 많은데, 사실상 이들 대학은 나름대로의 특성화가 잘 되어 있어 일률적 순위는 그다지 의미가 없다. 굳이 이들 학교 개성을 언급한다면 역사와 전통이 가장 유구한 곳이 하버드, 예일대학은 빌 클린턴·조지 부시 등 역대 미국대통령을 많이 배출해 유명한 곳이고, 브라운 대학은 자유로운 학풍으로 유명한 곳. 코넬 대학은 졸업생 중 과반수가 대학원에 진학하는 학구적인 분위기가 강한 곳, 입학 요강이 가장 까다로운 프린스턴 대학은 노벨상 수상자만 서른 명 넘게 배출한 세계적 명문 사학이라는 것 정도.

이렇듯 대단한 학군 아이비리그는 미국 사회에서 강고히 연대하며 변치 않는 그들만의 리그를 펼치고 있다.

빛나는 한 줄 어휘

"미국의 유명기업 CEO는 죄다 아이비리그 출신들이군."

# 4차원
## Fourth Dimension

# 지구에 시간이 덧붙은 공간

달걀을 깨지 않고 노른자만 꺼낼 수 있을까? 4차원에서는 가능한 일이다. 4차원이라니? 4차원이라는 말은 독일 수학자인 헤르만 민코프스키가 아인슈타인의 상대성 이론을 수학적으로 규명하기 위해 도입한 개념이다. 차원이란 말 자체가 원래 수학적 개념인 것이다.

그럼 1차원부터 공간 도형으로 생각해보자. 1차원은 선으로 이루어진 공간으로 여기서는 길이만 존재한다. 2차원은 선 4개가 모여 만들어진 공간으로 길이와 넓이가 있다. 만약에 2차원 공간에 생명체가 산다면 3차원 생명체인 인간을 볼 수 없다. 2차원에는 높이가 없기 때문이다. 이 공간에서는 장애물이 나타나도 피할 수가 없다. 그리고 3차원은 2차원의 평면을 모으면 만들어지는 입체공간으로 길이와 넓이와 높이가 존재한다. 바로 우리가 사는 지구가 3차원 공간인데, 이곳에서는 움직임이 꽤 자유롭다. 그리고 4차원은 이 세 가지 공간에 시간을 덧붙인 것이다. 각 차원은 그보다 한

단계 위의 차원의 단면이라고 생각하면 된다.

결국 각 차원은 존재의 법칙이 다르므로 더 높은 차원의 것을 볼 수 없다. 그러니까 우리 같은 3차원 공간의 생명체는 4차원 공간의 물체를 볼 수 없다. 하지만 4차원 공간을 느끼면서 넘나들 수 있는 생명체가 있다면 그는 노른자를 4차원 방향으로 움직임으로써 달걀을 깨지 않고 노른자를 꺼낼 수 있을 것이다.

그리고 어떤 이론이든 부풀리기 좋아하는 사람들이 만들어낸 5차원, 6차원이라는 말도 있다. 시간 공간이 날뛴다고 하는 그들 공간은 설명하기도 불가능한 그야말로 미지의 공간인 것.

이렇듯 수학적 시공간 개념인 4차원이 우리 일상생활에서는 알쏭달쏭한 수수께끼, 정체 모를 현상을 가리킨다. 또한 왠지 비현실적인 것을 비유하는데, 최근에는 엉뚱한 사람을 지칭하는 용어로도 자주 쓰인다. 예를 들어 친구에게 "우리 내일 어디 갈까?" 하고 물었더니 그 친구 왈 "안드로메다" 이래버리면 그 친구는 완전 엉뚱한 4차원 인물이 되는 것이다.

빛나는 한 줄 어휘
"그 친구 아직도 4차원에서 살고 있더군, 왜 그렇게 현실감각이 없는 거야?"

# 병목현상
## Bottleneck Effect

# 갈 길을 막는 답답한 체증

콜라병을 생각해보자. 병의 목 부분을 왜 아랫부분에 비해 날씬하게 만들었을까? 그래야 내용물을 따를 때 갑자기 쏟아지는 것을 방지할 수 있는 것. 참 단순한 사실인데, 이 단순 명확한 사실에서 착안한 용어가 병목현상이다. 교통상황에 적용해보자. 도로의 너비가 넓은 곳에서 갑자기 좁은 곳으로 차량이 몰려들면 좁아진 도로 너비로 인해 차들은 쉽게 빠져나가지 못하고 교통혼잡이 빚어지는데, 이를 병의 목에 비유해 병목현상이라고 하는 것이다.

예를 들어 4차선 도로가 2차선으로 바뀌면 동시에 4대씩 달리던 차량들이 2대로 줄어들어 갈수록 차량이 정체되는 등 고질적인 교통 체증을 유발하게 되므로 심각한 교통문제를 일으킬 수도 있다. 특히 짧은 시간에 차량이 몰리는 출퇴근시간의 도심 병목현상이 야기하는 시간적 · 경제적 손실은 이루 말할 수 없다.

이 병목현상은 경제용어로도 쓰인다. 이른바 '병목현상 인플레이션'이 그것. 보통 생산능력의 증가 속도가 수요의 증가 속도를 따라잡지 못해 물가가 상승하는 현상으로, 수요의 갑작스런 증가에도 불구하고 공급이 부족해 가격이 폭등하는 경우를 말한다. 그리고 컴퓨터에도 병목현상이 발생했으니, 유명한 그래픽 칩 제조회사들의 제품이 엄청난 양의 데이터를 순식간에 내보냈는데도 메모리가 이를 제대로 소화하지 못해 성능이 떨어진 현상을 가리킨 것으로, 이는 '메모리 병목현상'이라고 한다.

불가(佛家)에는 아귀라는 귀신이 있다. 계율을 어기거나 탐욕을 부려 벌 받는 귀신으로, 생김새가 앙상하게 마른 몸에 배만 엄청나게 커서 그 배를 채우려면 무지하게 먹어야겠는데 목구멍은 바늘구멍같이 작아 음식을 아무리 먹고 또 먹어도 늘 굶주림으로 괴로워하는 형벌에 처해진 귀신이다. 이 아귀의 목구멍이야말로 극단적인 병목구간 아닐는지. 그러고보면 병목현상이란 인간의 욕심이 만들어낸 현상 아닐까? '빨리빨리' '부랴부랴' 서두르는 심성을 다스리며 사는 지혜만이 모든 체증을 무난히 가라앉힐 수 있을 것이다.

**빛나는 한 줄 어휘**

"공사구간으로 인한 병목현상, 서울에서야 일상이지 뭐."

# 콤플렉스
## Complex

# 무의식적 욕망의 응어리

"너는 콤플렉스가 뭐야?" 흔히 듣는 질문 속에서 가슴팍에 비수처럼 꽂히는 단어 콤플렉스. 대충 '마음속 응어리'를 뜻하는 이 말은 그 태생이 실로 복잡함에도 불구하고 일상생활에서는 그저 열등감을 나타내는 표현으로 자주 사용된다.

콤플렉스란 말이 태어난 곳은 정신분석학 분야다. 칼 융이라는 심리학자가 이 말을 애용했는데, 그에 따르면 인간이라면 누구에게나 콤플렉스가 있으며 콤플렉스는 무의식적인 것일수록 강력한 힘을 발휘해 병리적으로 나타난다고 했다. 사실 융의 콤플렉스 개념은 매우 광범해서 오늘날 우리가 아무 데나 콤플렉스를 가져다붙이는 것을 융만은 용납할 것이다.

그리고 어린아이의 성욕을 주장해 논란을 일으킨 정신분석학의 대가 프로이트, 그는 남자아이가 엄마에게 갖는 욕망이 아버지로 인해 좌절되는 공포를 '거세 콤플렉스'라고 명명했다. 그리고 그 아버지를 죽이고 어머니를 차지하고 싶은 욕망을 '오이디푸스 콤플렉스'라고 했다. 자신도 모르는 채 아버지를 죽이고 어머니와 결혼하는 비극적 운명의 주인공 오이디푸스의 이름을 딴 이 콤플렉스는 모든 사람에게 무의식적으로 잠재되어 있다고 프로이트는 주장한다. 오이디푸스의 반대 개념으로 여자아이가 아버지에게 애착을 갖고 엄마에게 반발하는 감정을 뜻하는 '엘렉트라 콤플렉스'도 있다.

그리고 어느 순간부터 프로이트와는 상관없이 무한한 콤플렉스가 온갖 분야에서 활약을 하기 시작했다. 육아부터 직장일까지 모든 것에서 완벽함을 추구하는 슈퍼우먼 콤플렉스, 백마 탄 왕자를 기다리는 여자들의 환상을 뜻하는 신데렐라 콤플렉스, 언제까지나 늙지 않고 젊게 살고자 하는 욕망을 가리키는 피터팬 콤플렉스 등등. 긍정 마인드를 주장하는 사람들은 콤플렉스 또한 엄연한 자기현실이므로 이를 인정하고 적극 대응할 것을 권유하기도 한다. 단점을 오히려 장점으로 만들자는 것. 콤플렉스, 피할 수 없다면 즐겨라.

**빛나는 한 줄 어휘**

"성형수술로 외모콤플렉스가 극복되고 자신감이 생긴다면 할 만한 것 아니겠어?"

# 매직 넘버
## Magic Number

## 숫자를 타고 오는 마법의 힘

인간은 살면서 몇 번쯤의 기적 같은 순간을 맞이할 수 있을까? 기적 같은 마법의 수 '매직 넘버'는 현재 스포츠용어로 잘 알려져 있지만 원래 과학용어다. 과학용어에 매직이라니? 극과 극은 통한다던가, 지극히 과학적인 것은 어떤 면에서 지극히 신비한 측면을 갖는 법이다.

매직 넘버는 물리학에서 원자를 연구하면서 나온 용어다. 화학 원소로서의 최소 입자인 원자는 원자핵과 전자로 이뤄져 있고 원자핵은 양성자와 중성자로 구성돼 있다. 이때 양성자 수와 중성자 수가 일정한 수를 채우면 원자핵은 특히 안정적 상태를 띠게 되는데 이 수가 매직 넘버다. 그러니까 매직 넘버는 원자의 전기적 안정성을 뜻하는 것.

이 물리학 용어가 페넌트레이스(pennant race)로 치러지는 운동경기에서 '마술'을 부린다. 프로스포츠와 과학이 발달한 미국에서 페넌트레이스의 안정적인 우승 승수와 원자핵의 안정적 수를 비교해 매직 넘버라고 붙였다는데, 여기서도 물론 그 뜻은 우승 안정권을 가리킨다.

프로야구의 경우, 시즌 종반에 2위 팀이 나머지 경기를 모두 이긴다고 가정해도 1위 팀이 우승할 수 있는 승수의 숫자가 매직 넘버다. 예를 들어 A팀 매직넘버가 5라면 2위인 B팀이 나머지 경기를 모두 이겨도 1위인 A팀은 5경기만 이기면 무조건 1위가 확정된다는 뜻이다. 매직 넘버는 리그전으로 치러지는 정규리그에만 해당하는 말이고 토너먼트 방식인 포스트시즌(플레이오프)과는 관계가 없다.

매직 넘버는 스포츠 분야뿐 아니라 마법의 힘을 희구하는 모든 곳에서 '안정적 상태를 이뤄주는 수'로 각광받는다. 정치적으로는 대통령 선거 경선 진출을 위해 필요한 대의원 수 등 어떤 사태가 와도 안심할 수 있는 울타리를 만드는 수다.

기적을 좋아하는 현대인들은 매직아트, 매직쇼, 매직아이, 매직카 능능 온갖 데에 마법의 이름을 사용하는데, 분명한 깃은 기적은 불현듯 다가오는 것이 아니라 마침내 스스로가 이뤄내는 것이라는 사실.

**빛나는 한 줄 어휘**

"현재 인구 수준을 유지할 수 있는 대체출산율, 그 매직 넘버가 위험하다."

# 제3의 물결
## The Third Wave

# 거침없는 인류 혁명의 파도

미래학의 선구자 앨빈 토플러가 우리 사회에 일으킨 '물결의 바람'은 실로 대단했다. 제3의 물결은 1980년도 발간된 그의 책 제목으로 그 안에 제1, 제2, 제3의 물결이 언급되었다. 그가 정의한 그 거대한 물결을 보자. 우선 제1의 물결은 인류 고대사를 변혁시킨 농업혁명. 인류가 약탈 농업을 끝내고 정치 생활을 시작, 촌락이 형성되고 나서 '문명'이 싹트기 시작했으니, 이것이 첫 번째 물결이다. 그리고 약 300여 년 전 일어난 근대 산업혁명이 제2의 물결. 기계발명으로 대량생산이 이루어지고 대량소비, 매스미디어, 대중교육 등이 확산되면서 공장식 시스템에 토대를 둔 생활이 전개된 것이다.

그리고 바야흐로 인류를 뒤덮을 넘치는 파도, 제3의 물결이 들이닥치니, 그것이 컴퓨터를 선두로 한 고도과학기술 혁명, 정보화 혁명이다. 이제 막 태동하기 시작해서 빠른 속도로 몰아쳐오는 미래 문명을 토플러는 제3의 물결로 이름 붙였는데, 이로써 인류는 미래를 향한 일대 비약의 시점에 와 있다고 본 것이다. 그가 느낀

제3의 물결 징후는 일상생활에서 많이 볼 수 있는 것들로서 신용 카드, 비디오 게임, 은행 전산화, 전자주택, 생산과 소비가 새로 결합된 프로슈머의 등장 및 기존 질서의 퇴조, 분권화 등이다.

이 미증유의 대변혁기, 가족관계 붕괴나 가치관 분열 등의 불길한 현상을 두고도 그는 인류가 새로운 정신체계를 재구축한다면 훌륭한 미래사회에 다다를 수 있다고 하며 미래를 결코 비관하지 않았다. 그리고 그는 우주혁명이 될 제4의 물결 또한 언급했는데, 현재 제4의 물결을 주도할 분야는 생명공학이 될 것으로 전망된다.

토플러에게서 등장한 제3의 물결은 현재 여러 가지 새로운 현상을 가리키는 용어로 사용되고 있다. 기존의 것들과 완전 다른 것, 그야말로 신선하기 이를 데 없는 것의 출현을 말할 때 '제3의 물결' 이란 표현이 나오는 것이다. 하지만 조만간 이것도 제4, 제5의 물결에게 그 위상을 넘겨야 하지 않을는지.

빛나는 한 줄 어휘

"바로 네가 대한민국 패션계에 제3의 물결을 일으켜야 하지 않겠어?"

# 플라시보 효과
## Placebo Effect

## 몸을 지배하는 마음의 효과

칭찬은 고래도 춤추게 한다는데, 인간은 더욱이 칭찬 한마디에, 격려 한 구절에, 위로 한 소절에 마음이 크게 움직이는 동물이다. 약효가 전혀 없는 가짜 약을 진짜 약이라고 속이고 환자에게 복용 토록 해도 진짜약이라는 그 믿음이 환자를 낫게도 하는 것.

'플라시보'란 '마음에 들도록 한다'는 뜻의 라틴어로서 가짜 약을 의미한다. 만성질환이나 심리상태에 영향받기 쉬운 질환을 갖고 있는 환자에게는 가짜 약을 투여해도 효과를 보는 경우가 있는데 이를 '플라시보 효과' '위약효과'라고 한다. 따라서 제약업계에서 는 어떤 신약이 개발되었을 때 실제 임상효과가 있는지 파악하기 위해 반드시 플라시보 검사를 거치도록 하고 있다. 즉 가짜 약을 투여한 군과 진짜 약을 투여한 군을 비교, 확실한 유효성이 드러 나야 그 약이 제대로 된 약으로 인정받는다는 말이다.

플라시보 효과와 비슷하게 타인의 기대나 관심으로 인해 능률이 오르거나 결과가 좋아지는 현상을 일컫는 말로 피그말리온 효과 라는 것이 있다. 이는 그리스신화에 나오는 조각가 피그말리온에게서 유래한 것. 피그말리온이 아름다운 여인상을 조각하고 자신이 조각한 여인상을 진심으로 사랑하게 되자 여신 아프로디테가 그의 사랑에 감동해 여인상에게 생명을 주었다고 하는 데서 탄생한 말이다. 심리학에서는 타인이 나를 존중하고 나에게 기대하는 것이 있으면 기대에 부응하는 쪽으로 변하려고 노력해서 그렇게 된다는 것을 의미한다.

이는 또한 로젠탈 효과라고도 하는데, 사회심리학자 로버트 로젠탈은 한 초등학교에서 전교생을 대상으로 지능검사를 한 후 검사 결과와 상관없이 무작위로 한 반에서 20% 정도의 학생을 뽑아 담임들에게 그 애들이 우수학생이라고 말한 결과, 8개월 후 그 애들의 지능이 실제 높아졌다고 한다. 물론 교사의 기대와 격려 덕분이었다. '기대'와 '칭찬'이 부추긴 마음의 힘은 이토록 놀라운 것. 플라시보 효과와 반대로 진짜 약을 줘도 환자가 효과가 없다고 생각하면 약효가 나타나지 않는 '노시보 효과'도 있다.

 빛나는 한 줄 어휘

"인생 자체를 플라시보 효과로 살아보자고. '난 행복해'라고 주문을 거는 거야."

# 상아탑
## Ivory Tower

## 고고한 진리 추구의 공간

코끼리의 엄니인 상아로 만든 탑이라니, 코끼리가 무척 귀한 동물임을 생각할 때 그 비싼 엄니로 탑을 쌓는다는 발상이 궁금하지 않을 수 없다.

상아탑은 19세기 프랑스 비평가 생트 뵈브가 낭만파 시인 알프레드 비니의 시를 비평하면서 처음 사용된 말이다. 비니는 타고난 염세적 성향에다 정치에 대한 염증, 기독교와 삶 자체에 회의를 느끼고 문단과 사회를 멀리하고 자신만의 공간에 들어앉아 작품을 발표했다. 세속적 생활에는 무관심한 채 고고한 예술지상주의 입장을 취한 비니. 상아탑이라는 표현은 관념적이고 비현실적인 비니의 시를 비평하면서 나온 것이다.

상아탑은 본래 속세를 떠나 조용히 예술을 사랑하는 태도나 현실도피적인 학구 태도를 이르는 가치중립적인 표현이었던 것이 점차 부정적인 뉘앙스를 풍기는 표현이 된다. 현실생활에서 도망쳐 자신만이 이해할 수 있는 관념적 연구나 몽상에 빠져 있는 사람들의 장소를 비난하는 데 자주 사용되었던 것이다.

그러던 것이 현재는 아카데미즘, 대학 또는 대학의 연구실을 지칭하는 말로 사용된다. 우리나라에서는 상아탑 하면 대학교의 대명사처럼 되어 본래 의미가 갖는 '고귀한' 느낌을 팍팍 풍긴다. 그리고 여기서 유추하여 '우골탑(牛骨塔)'이라는 신조어까지 생겼는데, 이는 소가 가장 큰 재산이었던 시절 시골에서 소까지 팔아 자식 공부시키는 부모의 지극정성을 비유한 표현으로 이제 이 말은 구시대의 유물이 되었다.

그런데 대학이 상아탑이라면, 그것은 진리추구의 공간을 의미하는 것일까, 아니면 현실도피의 공간을 상징하는 것일까. 현실의 벽을 뚫고 나가기 위한 준비 장소로서의 대학이 미래를 여는 힘을 갖추려면 대학은 분명 '도피'나 '회피'가 아닌 '직면'의 공간이어야 할 것이다.

**빛나는 한 줄 어휘**

"자신만의 상아탑에 갇혀 헛소리나 지껄이는 인간들, 역사 발전에 도움이 안 된다고."

# 리트머스 시험지
## Litmus Paper

## 온몸으로 보여주는 명징한 해석

"리트머스 종이는 산성을 만나면 무슨 색으로 변하고 알칼리성을 만나면 무슨 색으로 변하나요?" 이건 과학에 눈뜬 초등학생들이 자주 하는 질문이다. 리트머스 종이의 용도는 알지만 리트머스가 누구인지 무엇인지는 모르는 채. 여기서 리트머스는 '누구'가 아닌 '무엇'으로, 즉 지중해 연안과 남반구에 자생하는 이끼 이름이다.

바닷가 바위에 붙어사는 나뭇가지 모양의 이끼인 리트머스 이끼는 몸 안에 여러 색소를 가지고 있는데, 이 색소를 추출해서 리트머스액을 만들고, 그 리트머스액으로 리트머스 시험지를 만드는 것이다. 그럼 앞의 질문에 대답해보자.

리트머스 종이는 산성과 만나면 빨간색으로 변하고 알칼리성과 만나면 파란색으로 변한다. 식초는 ph가 2~3인 산성, 비눗물은 ph 8~9인 알칼리성, 물은 ph 7의 중성, 우유는 ph 6.5 정도의 약산성이다. 모든 용액에 한번 담가보라. 리트머스 종이는 예로부터 산과 알칼리를 구분하는 지시약으로 많이 사용되어왔다.

이렇듯 실험실에서 정확한 구분의 수단으로 사용되는 리트머스 시험지는 실험실 바깥으로 나와서도 자신의 목적을 그대로 수행한다. 즉 "그 지역 보궐선거 결과는 다음 대통령 선거의 리트머스 시험지가 될 것이다"라는 말에서 리트머스 시험지는, 대통령 선거는 보궐 선거 결과에 확실하게 영향을 받는다는 의미로서, 하나의 '명징한 잣대'의 뜻으로 사용된 것이다. 영어의 리트머스 테스트는 '사태를 뚜렷이 파악할 수 있는 한 가지 일'이라는 뜻의 숙어로도 쓰인다.

일상생활에서 리트머스 시험지와 비슷하게 사용되는 말로는 '시금석'이 있다. 이 말은 원래 귀금속을 문질러 그 품질을 알아보는 데 쓰이는 검은 빛깔의 단단한 돌을 가리키는데, 어쩌다 이 돌은 무언가를 평가하는 기준이 될 만한 사물을 비유하는 말로 쓰이게 되었다.

빛나는 한 줄 어휘

"새 정권의 첫 리트머스 테스트는 아마도 복지 분야에서 이루어질 것이다."

# 승리의 여신

## 내 안의 승리의 여신을 깨워라

누구나 자신을 보고 웃어주기를 바라는 승리의 여신 니케. 이렇듯 우리에게 열렬한 환영을 받는 니케는 막상 그리스 신화에서는 아테나나 제우스를 보좌하는 하급 여신이었다. 하지만 로마 신화에 와서 니케의 대우는 급상승한다. 작고 귀여운 모습에 우아한 날개를 활짝 펴고 전쟁이나 경기의 승리자를 축하해주는 니케의 역할이 인정받은 것이다. 로마 신화에서는 니케의 이름이 '빅토리아(Victoria)'로 바뀌는데, 영어의 '승리(victory)'라는 단어도 여기에서 파생된 것이다.

그런데 니케의 형제들 면면이 흥미롭다. 폭력의 신 비아(폭력을 뜻하는 영어 Violence의 어원이기도 함), 힘의 신 크로토스, 경쟁심의 신 젤로스(질투를 뜻하는 영어 Jealous의 어원이기도 함)들이 바로 니케의 형제들. 이런 형제들 사이에서 승리와 행운의 여신이 탄생한 것도 왠지 의미심장하게 느껴지지 않는가. 폭력과 질투 틈에 탄생한 니케의 로마식 이름 빅토리아는 대영제국에서 엘리자베스 1세와 더불어 가장 뛰어난 여왕의 이름이 되었고, 미국에서는 '나이키'로

읽혀 세계적인 운동화 상표가 되었다. 승리의 이미지는 이와 같이 강렬한 것이다.

아무튼 이 승리의 여신은 고대에는 지금처럼 열렬한 주목을 받지 못했는데, 그 이유는 영향력 면에서 전쟁의 신에게 그 영광이 밀린 탓이다. 무엇보다 전쟁이 중요한 정치행사였던 시절에 니케는 전쟁이나 경기보다는 운이 따라야만 하는 비등한 승부 게임에서 결정을 내리는 역할을 맡았다.

하지만 사실상 전쟁도 게임처럼 변질된 오늘날, 이제 전쟁의 신은 그 역할을 종료하고 승패여부를 좌우하는 승리의 여신 니케의 활약이 돋보인다. 그녀의 판정에만 모든 사람의 눈길이 쏠리게 된 것이다. 그런데 과연 모든 승부에서 그녀의 판정은 늘 공정하기만 한 것일까? 이렇듯 우리는 의심의 눈길 또한 갖기 마련인데, 표피적인 외부 판정에 안달하기보다는 어쩌면 우리들 모두의 마음속에 잠들어 있는 승리의 여신을 우리가 깨워내야 하는 건 아닌지. 자만이 아닌 자기존중, 자부심 말이다.

빛나는 한 줄 어휘

"과연 승리의 여신은 누구 손을 들어줄 것인지, 그 귀추가 주목되는군!"

# 월계관
## Laurel Wreath

# 사랑의 흔적에서 영광의 상징으로

고대 올림픽 경기에서 머리에 나뭇잎으로 만든 관을 쓰고 수상을 기뻐하는 승리자의 모습은 낡은 필름이나 백과사전에서 볼 수 있는 광경이다. 그 시절 경기 승리자가 머리에 두른 '승리의 월계관'은 바로 월계수의 가지와 이파리로 만든 것. 그런데 왜 '장미관'도 '아카시아관'도 아닌 월계관이 승리의 상징이 되었을까? 그에 관해서는 슬픈 전설이 따른다.

그리스 신화 속 태양의 신 아폴론은 어느 날 우연히 다프네라는 님프를 보고는 한눈에 반해버린다. 하지만 콧대 높은 다프네는 자신을 향한 모든 구혼을 냉정히 거절했고, 이에 아폴론의 상심은 너무도 컸다. 그러다 자신처럼 다프네를 사랑하는 또 다른 청년을 질투해서 죽여버리기까지 하는 등 아폴론의 사랑의 병은 날로 깊어만 갔다. 자신을 싫어하는 다프네를 죽자고 따라다니는 아폴론, 이에 죽어라고 도망다니는 다프네. 더 이상 달아나기 힘들어진 다프네는 결국 대지의 신에게 구원을 요청하고 대지의 신은 그녀를 그 자리에서 한 그루 월계수로 만들어버린다.

슬픔에 빠진 아폴론은 사랑하는 다프네를 기려 월계수를 사시사철 푸르게 하고 자신의 몸에 항상 지니고 다녔단다. 또한 태양·음악·문학의 신으로 올림픽을 대표하는 신이었던 아폴론은 훌륭한 시인이나 운동경기 승리자에게 월계수 가지와 이파리로 만든 관을 수여하기로 했던 것이다.

그리스에서 시인에게 월계관을 씌워주던 전통은 중세 영국에 와서 계관시인(poet laureate)이라는 호칭으로 이어졌는데, 이는 왕실 경조사에 시를 바치는 시인을 일컫는 말로, 계관시인이란 즉 가문의 영광이기도 했다. 그 밖에도 월계관은 여러 경기나 학문 등의 업적을 기리는 상장·상패 등에 인쇄·조각되어 영예의 표지로 쓰이기도 하고, 일반적으로 매우 뛰어난 사람을 추앙하는 추상적 표현으로도 쓰인다.

슬픈 사랑의 흔적이 영광의 상징이 된다는 것, 이것이 바로 삶의 아이러니 아니겠는가.

빛나는 한 줄 어휘

"최후의 결전에서 누가 승리의 월계관을 쓰게 될 것인지 자못 궁금하구나."

# 황색언론
## Yellow Journalism

## 도덕과 예의의 싹수가 노란 언론

재미없는 신문은 죄악일까? 그렇다고 생각한 사람이 황색언론을
만들었다. 바로 미국의 신문왕으로 퓰리처상의 기원이 되는 인물
조지프 퓰리처. 그는 모름지기 신문이란 옳은 것과 그른 것을 가
르치는 도덕 교사라고 믿는 한편, '재미없는 신문은 죄악'이라는
신념을 가지고 있었다. 때문에 그는 신문에서 만평과 사진을 화려
하게 쓰고, 체육부를 신설해 스포츠기사를 비중 있게 다루었으며,
흥미와 오락 위주의 일요판 신문도 처음 시작했다.

퓰리처는 1889년 「뉴욕월드」 일요판에 황색 옷을 입은 소년 '옐로
키드'가 주인공인 만화를 기재했는데, 당시 언론 재벌 윌리엄 허스
트의 「뉴욕저널」이 옐로키드를 똑같이 사용하면서 두 신문은 센세
이셔널리즘 경쟁을 벌이게 된다. 그 후 선정적 기사를 기재하는
신문을 옐로프레스 또는 옐로페이퍼라 부르게 된 것이다. 그리고
여기서 이른바 '옐로 저널리즘', 황색언론이 탄생한다.

즉 황색언론이라 하면 자본주의 시장경쟁 논리에 따라 뼛속까지
상품화된 언론이 대중에 영합함으로써 취재 보도하는 내용이 점

차 인간의 불건전한 감정을 자극하는 범죄나 괴기사건, 성적 추문 등의 선정적인 사건으로 채워지고 이를 과도한 비중으로 다루는 현상을 일컫는다. 이렇게 되면 흥미 위주의 기사가 대문짝만한 제목을 달고 기재되며, 불필요한 사진까지 과다 사용되고 사실 확인 절차를 생략한 추측성 보도가 기사 내용을 도배하게 되는 것.

퓰리처에 의해 기틀이 마련된 옐로 저널리즘은 시작 초반에도 사회 미풍양식 파괴 및 풍기문란 조장, 프라이버시 침해, 신문의 품위 저하 등을 이유로 비판받기도 했으나 오늘날 대부분의 대중신문은 이를 채택하고 있는 것이 현실이다.

하지만 언론 본연의 기능이 사실 전달, 진실 추구임은 분명한 것. 그렇다면 사실을 왜곡하고 감동 없는 재미를 추구하는 옐로 저널리즘에는 이제 독자들이 적극적으로 옐로카드를 내밀어야 하지 않을까?

**빛나는 한 줄 어휘**

"연예인 사생활, 섹스 스캔들만 좇는 게 바로 수준 낮은 황색언론의 행태지."

# 뜨거운 감자
## Hot Potato

## 차마 손대기 어려운, 자칫 위험한 문제

영어의 핫 포테이토를 직역한 것이 뜨거운 감자. 미국인들 식단에서 빼놓을 수 없는 식품 중 하나가 감자인데, 이 감자를 오븐에서 갓 구운 상태에서 자칫 손으로 집거나 하면 데기 십상이다. 게다가 속에 뜨거운 기운이 남아 있는 감자를 식은 줄 알고 한 입 덥석 베어 물었다가는 목구멍이 너무 뜨거워 뱉을 수도 그렇다고 그냥 삼킬 수도 없는 곤란한 처지에 빠지고 만다.

'뜨거운 감자'라는 말은 바로 여기에서 유래했다. 그러니까 삼킬 수도 뱉을 수도 없는 뜨거운 감자처럼 어렵고 미묘한 문제를 일컫는 용어인 것. 정치적·사회적으로 이슈가 되는 문제가 자주 뜨거운 감자로 언론지상에 보도되는데, 뜨거운 감자는 작게는 어느 한 분야나 한 지역의 문제일 수도 있고, 크게는 한 국가 또는 국제적인 문제일 수도 있다. 어떤 경우든 뜨거운 감자라 하면 꽤나 민감한 사안으로서 현실적으로 다루기가 무척 어려운, 한마디로 취급 곤란한 문제를 가리킨다.

조금 다른 의미로 계륵(鷄肋)이라는 말이 있다. '닭의 갈비'라는 뜻인데, 큰 쓸모나 이익은 없으나 버리기는 아까운 것을 비유하는 고사성어다. 위나라 승상 조조가 촉나라의 군주 유비와 한중을 놓고 싸우던 중 진격과 퇴각 여부를 놓고 큰 고민에 빠져 있을 때, 늦은 밤 암호를 정하기 위해 찾아온 부하에게 조조는 단지 계륵이라고만 할 뿐 다른 말은 전혀 하지 않았다. 부하는 돌아가 장수들과 계륵이 무슨 뜻인지 서로 이야기했으나 아무도 영문을 알지 못했는데 이 상황에서 조조의 부하 양수는 바로 짐을 꾸리기 시작한다. 양수의 말인즉 "닭갈비는 먹을 만한 살은 없지만 그대로 버리기에는 아까운 부위다. 결국 이 장소를 버리기는 아깝지만 대단한 땅은 아니라는 뜻이니 버리고 돌아갈 결정이 내려질 것이다"라고 했던 데서 유래한다. 물론 조조는 이튿날 한중 땅에서 철수 명령을 내렸다.

이 계륵은 아깝지만 버리는 것이 실익에 가까운 반면 '뜨거운 감자'는 버리는 것이 능사가 아닌 잘 식히는 기술이 필요한 것. 난마처럼 얽힌 문제를 푸는 지혜는 문제의 핵심을 바로 보는 것에서 나올 것이다.

빛나는 한 줄 어휘
"출판계에 도서정가제 문제가 다시 뜨거운 감자로 부상했다."

# 도미노 현상
**Donimo Effect**

## 모두 함께 쓰러지고야 마는 것

"하나가 쓰러지면 다른 것들이 연이어 쓰러진다." 일종의 서양장기라고도 할 수 있는 도미노게임은 도미노피자만큼이나 유명하다. 그럼 이 도미노게임은 언제 시작된 것일까? 나무나 기타 재료로 만든 직사각형 모양의 작은 패(牌)로 하는 도미노게임은 기원전 300년 전 중국에서 시작된 것으로 알려졌으며, 서양식 도미노는 18세기 이탈리아에서 성행하기 시작했다고 한다. 도미노 패를 가지고 하는 이 게임은 여러 가지 종류가 있지만 잘 알려져 있는 편이 아니며, 게임보다는 오히려 도미노 패를 일정한 모양으로 세워놓고 쓰러뜨리는 놀이가 더 유명하다.

최근에는 도미노 쓰러뜨리는 것을 즐기는 사람들이 도미노 데이까지 만들었는데, 네덜란드에서 시작된 도미노 데이는 11월 중 하루를 택해 일정한 모양으로 쌓거나 늘어놓은 도미노를 쓰러뜨리는 날이다. 제11회를 맞은 2009년 도미노 데이에는 모두 480만 개의 도미노 패를 설치해서 449만 1,863개의 패가 쓰러지는 신기록을 세웠다고 한다.

이렇듯 패가 연달아 쓰러지는 도미노게임에서 유래한 '도미노 현상'은 일종의 연쇄자동반응을 일컫는다. 하나의 방아쇠를 건드리면 그다음 운동은 자동적으로 이어지는 시스템. 핵물리학에서는 연쇄 핵분열 반응을 도미노 현상에 비유한다.

여기서 파생되어 도미노 이론이라는 것도 생겼다. 어떤 지역의 한 나라가 공산화되면 인접 나라들도 차례로 공산화된다는 것인데, 미국의 아이젠하워 대통령이 도미노의 첫 번째 말을 넘어뜨리면 전체 말이 전부 쓰러지고 마는 현상을 빌려 베트남에 이은 동남아시아 전역의 공산화 위험을 설명한 데서 비롯된 이론이다.

이 도미노 현상이 일상생활에서는 특히 경제와 깊은 관련을 갖는다. 경제 시스템이라는 것이 돌고 도는 순환의 논리 안에서 작동하는 것인즉 경제의 한 부분이 잘못되면 나머지 부분도 연이어 문제가 생기고 나아가 경제 전반이 위태로워질 수 있는 것. 도미노 현상 안에서는 중간에서 저 혼자 아무리 잘나도 함께 쓰러지는 것을 피할 수 없다.

빛나는 한 줄 어휘
"현재 전세대란으로 인한 부동산 시장의 도미노현상이 심각한 수준이다."

# 플래시 몹
## Flash Mob

## 축제 같은, 유쾌하고 즐거운 시위

삶을 축제처럼 즐기고자 하는 사람들의 게릴라 퍼포먼스 '플래시 몹'. 이것은 끌리는 구호나 주제가 생겼을 때 사람들이 이메일이나 휴대폰 연락을 통해 특정한 시간 특정한 장소에 모여 짧은 시간 동안 그 구호나 주제를 알리기 위해 약속된 간단한 행동을 한 뒤 뿔뿔이 흩어지는 일종의 즉흥 퍼포먼스를 일컫는 말. 네티즌 사이에선 이미 익숙한 이벤트다.

플래시 몹이란 말은 특정 웹사이트 접속자가 한꺼번에 폭증하는 현상을 뜻하는 '플래시 크라우드'와 '스마트 몹'의 합성어인데, 그럼 스마트 몹이란? 스마트 몹은 재치 있고 똑똑하다는 뜻의 스마트와 군중을 뜻하는 몹의 합성어로서, PDA · 휴대전화 · 메신저 · 인터넷 · 이메일 등 첨단 정보통신 기술을 바탕으로 긴밀한 네트워크를 이루어 정치 · 경제 · 사회 등 여러 문제에 참여하는 사람들 집단을 가리키는 말로, 2002년 미국에서 출간된 책 『스마트 몹』에서 처음 제시한 개념이다.

네트워크 연대라는 점에서는 플래시 몹도 넓은 의미의 스마트 몹

범주에 든다고 할 수 있는데, 어떤 면에서 황당하기도 하고 유치하기도 한 이 이벤트는 2003년부터 세계적으로 유행하기 시작했다. 예를 들어 2003년 6월 미국 뉴욕 맨해튼의 한 호텔 로비에 사람들이 몰려들더니 박수를 치고는 15초 후 뿔뿔이 흩어져 순식간에 사라져버렸다. 이 무슨 생쇼? 이를 지켜본 사람들은 아무 영문 없는 소동에 어리둥절할 수밖에. 물론 모임에 따라 그 '황당'과 '유치'의 강도는 차이가 있고 사뭇 진지한 스마트 몹도 있으나 모임의 기본 특성이 무거움을 의도적으로 기피하고 행위 자체만을 즐기기 때문에 크게 사회적 문제를 일으키지 않는 것이 또한 스마트 몹의 특징이다.

한국에서도 플래시 몹은 젊은 사람 중심으로 유행하는 추세다. 순간적으로 모인 사람들이 '건강하세요, 행복하세요'라는 인사를 외친 뒤 사라지기도 하고, 세계여성의 날을 기념해 '여성들에게 빵과 장미를'이라는 피켓을 들고 댄스 플래시 몹을 벌이기도 하는 등 그 행위 양상은 다양하다.

빛나는 한 줄 어휘

"플래시 몹에 참가해보는 것도 죽기 전에 꼭 해봐야 할 일 목록에 들어 있다고."

# 리셋증후군
## Reset Syndrome

## 되돌릴 수 있는 현실은 없다

'다시 시작할 수만 있다면' '처음으로 되돌릴 수만 있다면', 후회 가득한 심정에서 울리는 이 간절함은 누구든 가져봄직한 소망이다. 그런데 여기서 간절함은 빠지고 '다시'만 강조된 것이 리셋증후군이다. 리셋증후군은 최근 청소년들 사이에서 확산되어 심각한 사회문제를 일으키고 있는 병리현상을 지칭하는데, 컴퓨터가 원활히 돌아가지 않거나 제대로 작동하지 않을 때 리셋 버튼만 누르면 처음부터 다시 시작할 수 있는 것처럼 현실세계에서도 리셋이 가능할 것으로 착각하는 현상을 일컫는 말. 컴퓨터 세대에서 만들어진 용어다.

이 말은 1990년 일본에서 처음 생겨났고 국내에선 1990년대 말부터 등장하기 시작했는데, 경찰사이버수사대에서는 이를 인터넷 중독의 한 유형으로 꼽고 있다. 현실과 가상을 철저히 구분하지 못하는 리셋 증후군 환자들은 실제 실수를 하거나 잘못을 하더라도 리셋 버튼만 누르면 해결될 수 있다고 생각하고 행동하게 된다. 게임에서처럼 사람을 죽이기도 하는 등 참을성이 없고 일의 선후관계를 면밀히 파악하지 못하는 것이 특징이다.

이는 특히 컴퓨터게임에 과도하게 몰두하는 청소년들에게 두드러진 증상으로, 리셋 증후군에 걸린 학생들의 경우 무슨 일이든 쉽게 포기하고 책임감 없는 행동을 하며 마음에 들지 않으면 친구또한 물건 버리듯 쉽게 관계를 끊기도 한다.

1997년 5월 일본 고베시에서 초등학생 토막살인을 저지른 중학교 학생이 컴퓨터 게임광으로 밝혀지면서 리셋 증후군이라는 말은 널리 알려졌는데, 리셋증후군은 사실상 어떠한 기질을 의미할 뿐 명확한 행동양상이 나타나지 않는 한 쉽게 판별하기 어려워 진단도 쉽지 않고 상담이나 치료법도 알려진 게 없다. 다만 무엇이 현실이고 무엇이 현실이 아닌지를 구분하려면 혼자만의 방에 갇힌 생활을 청산하는 게 가장 우선되어야 할 듯.

나의 말 한 마디, 행동 하나는 절대 사라지지 않고 그것이 온전히 '나'를 이룬다는 것을 누구보다 먼저 알아채는 것이 하나뿐인 삶이 소모적으로 소비되지 않는 길일 것이다.

빛나는 한 줄 어휘

" '시련은 있어도 실패는 없다', 이 말만 잘 새겨도 리셋증후군 치료가 될 텐데."

넷째 어휘군

# 역사의
# 긴 호흡을
# 느껴라

Feel
the breath of a
long history

길이 아닌 곳으로 가야 나의 발자취가 온전히 남는 법.
역사의 외침에 귀를 열고 모든 걸림돌을 디딤돌 삼아 직진하라.

# 콜럼버스의 달걀
## Egg of Columbus

## 상식을 깨고 먼저 앞서가라

신대륙을 발견한 탐험가 콜럼버스. 어릴 때부터 선원생활을 한 그는 지구가 둥글다는 것을 자신의 몸으로 체험하며 확신했다. 따라서 서쪽으로 계속 나아가면 동쪽에 이를 수 있다고 굳게 믿었고 이를 실행했다. 1492년 산타마리아호를 타고 서쪽으로 항해하던 콜럼버스는 유럽사람들에게는 미지의 대륙인 신대륙을 발견하지만 자신이 뭘 발견했는지 정확히 알지 못한 채 되돌아오는데, 그나마도 엄청난 대성공인지라 스페인에서는 환영파티가 성대했다. 하지만 성공한 콜럼버스를 시기하는 사람 또한 많았던 터라, 섬 하나 발견하고 돌아온 게 뭐 그리 큰일이냐는 식의 빈정거림이 여기저기 들렸다. 이에 화가 난 콜럼버스는 식탁 위에 놓인 달걀을 집어들고 말했다

"누가 이 달걀을 탁자 위에 세워보시겠는가?"

모두가 시도했지만 전부 실패했다. 둥근 달걀이 세워질 리가 없는 법. 하지만 콜럼버스는 해냈다. 어떻게? 가장 무식한 방법으로. 콜럼버스는 달걀 끝을 탁자에 톡톡 쳐서 깨뜨리고 세웠다. 그리고 말

했다.

"바로 이것이다, 따라 하기는 쉬워도 처음으로 시도하기는 쉽지 않은 것. 나의 탐험도 마찬가지다."

이러한 태도는 지구가 둥글다는 사실도 이론이 아닌 체험으로 터득한 뱃사람 특유의 단순명확함이기도 한데, 이렇게 해서 콜럼버스의 달걀은 '상식을 깬 발상의 전환' '실천의 중요성'을 뜻하게 되었다. 그런데 한편 콜럼버스에 대한 역사적 평가는 냉정하다. 스페인과 포르투갈 식민지 건설을 위해 아메리카로 향했으며 아메리카 대륙에까지 제국주의를 확장시킨 장본인으로 수많은 인디언들을 노예로 팔고 황금 찾기에 혈안이 된 탐욕가로 볼 수도 있는 것이다.

하지만 많은 지식을 가지고도 그것을 활용하지 못하는 사람, 누구나 아는 것이지만 먼저 실천하기 힘든 사람에게 콜럼버스의 달걀이 시사하는 바는 명확하다.

OOPS!!

빛나는 한 줄 어휘
"너도 할 수 있어. 콜럼버스의 달걀을 생각해봐. 관점을 좀 바꿔보라고."

# 희생양
## Scapegoat

# 누군가는 반드시 책임져야 한다?

『구약성서』를 보면 고대 유대인들이 속죄일에 자신들이 저지른 죄를 양에게 뒤집어씌워 제물로 바쳤다고 한다. 인간의 죄를 대신해 억울한 양이 희생된 것인데, 그것이 굳이 양인 이유는 당시 유대인 사회에서 양이 가장 구하기 쉬운 동물이었기 때문이다. 그런데 처음에는 양 하나로 정해 바치던 것이 소나 새 등의 다른 동물로 확장되었고 심지어 나중에는 사람까지도 제물이 되기도 했다. 이렇게 제물로 희생된 모든 것들을 총칭해서 희생양 혹은 속죄양이라 한다.

그렇다면 그리스도가 다른 사람들의 죄를 대신 지고 십자가에 매달린 것은 대표적인 희생의식으로 볼 수 있을 텐데, 이것은 사실상 당시 사람들의 사고방식이나 풍습으로 볼 때는 충분히 가능한 일인 것이다.

여기서 유래한 희생양은 종교 바깥으로 나가더니, 욕구불만으로 인한 파괴적 충동을 그 직접 원인이 되는 것에 발산하지 않고 다른 대상으로 돌려 불만 해소를 도모할 때의 바로 그 대상을 이르는 말이 되었다. 종교의 틀을 벗어난 희생양은 더욱 기만적이고 부도덕하게 사용되는 것이다.

결국 모든 상황에서 희생양이 되는 것은 사회적 약자인 경우가 많은데, 역사적으로도 나치 정권하의 유대인이나 미국의 흑인 등이 좋은 예다. 이것은 또한 대중조작의 수단으로 쓰이는 경우도 많아 정치권에서 이해득실 관계에 따라 큰 이익을 챙기고자 작은 것을 희생양으로 삼는 일 또한 빈번하다. 안 좋은 일이 터졌는데 누군가 책임져야 할 사람이 필요한 경우 사태를 정의롭지 않게 해결하는 하나의 방안인 것이다.

문제는 희생양이 하나 떠오르면 실제 죗값을 치러야 할 사람들은 자신의 죄가 사하여진 것처럼 심리적 착각을 하게 된다는 것. 이것은 힘없는 소수를 향한 힘 있는 다수의 횡포로까지 발전한다. 때문에 세상사 모든 복잡한 사건의 결론에는 혹시라도 희생양이 들어 있는 것은 아닌지 의심의 눈길로 바라볼 필요가 있다.

빛나는 한 줄 어휘

"너무 많은 사람들이 다칠 것 같으니 아무래도 누군가 한 사람 희생양이 필요해."

# 스파르타 교육
## Spartan Education

# 한계를 가질 수밖에 없는 용맹 시스템

극히 엄격한 국가주의적 교육방식을 뜻하는 스파르타 교육은 현재 우리나라 학원가에서 가장 많이 사용하는 용어가 되었다. 실제 스파르타에서는 무슨 일이 있었을까?

약 20개의 폴리스로 구성된 고대 그리스에서 선두 폴리스가 아테네와 스파르타였다. 아테네의 천적이자 맞수였던 스파르타는 기원전 8~7세기 번영기에 찬란한 고대문명을 누리면서 예능교육이 발달해 모든 시민들의 예능 소양이 탁월한 곳이었다. 특히 체육교육이 발달되어 있었는데 고대 올림픽 금메달의 절반 이상은 늘 스파르타 몫이었다.

하지만 기원전 550년경 군사귀족들이 집권하면서 오로지 군사교육에만 힘을 쏟는 기형적 시스템이 마련되고 바야흐로 스파르타 교육의 특징이 나타나게 된다. 스파르타 국민은 태어날 때부터 죽을 때까지 철저한 국가적 통제를 받았는데, 만약 신생아가 허약하면 들판에 버려버렸으며 건강한 아이만 부모에게 맡겨 7세까지 양육하도록 했다. 그리고 7세에서 20세까지의 남자아이는 국가가 운영하는 공공교육장에 들어가 엄격한 훈련을 받았다. 이 국가 의무교육은 오로지 군사교육이었고, 교육 이상은 고통을 견디는 용맹심, 인내, 애국, 복종과 강한 체력을 갖춘 군인을 양성하는 데 있었다. 스파르타 교육의 단 하나의 가치규범은 오직 국가의 이익뿐이었다. 여자아이 교육도 엄격했는데, 특히 건강한 아들의 출산과 양육을 삶의 목적이 되게 가르쳤으며 남편이 전장에 나가도 뒷일을 걱정하지 않도록 자립적 여성이 될 것을 강조했다.

육체적 정신적으로 혹독한 이런 교육방침은 '하면 된다'는 불굴의 의지를 단련하는 것으로, 시련 극복 측면에서는 분명 매력적인 부분이 있다. 때문에 승리를 목적으로 전쟁 같은 일상을 치르는 사람들, 즉 입시생, 기업가들에게 호소력을 가지는 것이다.

하지만 스파르타의 최후를 보자. 이런 국가적 용맹훈련 덕분에 스파르타는 한때 그리스 최강도시로 우뚝 섰지만 그 성공은 그리 오래가지 못하고 변방의 이름 없는 도시로 전락하고야 만다. 억압적 군사문화란 단기적으로 어떤 목적을 이루는 데는 유용할지 몰라도 장기적 성공의 발판이 되기는 힘든 것이다.

빛나는 한 줄 어휘

"스파르타 교육의 참맛을 보여주지. 내일부터 기상시간 3시다. 알았나?"

# 루비콘
**Rubicon**

## 가야 할 길을 가는 과감한 선택

영화나 문학작품에서 '루비콘 강을 건너다'라는 표현이 자주 등장한다. 일단 결정하면 되돌릴 수 없는 일을 뜻하는 이 말은 그 유명한 고대 로마의 장군 카이사르가 한 것인데, 드라마틱한 삶을 살다 간 카이사르는 그야말로 유행어 제조기였다. 루비콘 강을 건널 때만 해도 그는 외쳤다. "주사위는 던져졌다"고.

강력한 카리스마로 세계사에 이름을 휘날린 카이사르가 건넌 루비콘 강은 이탈리아와 갈리아 지방의 경계를 이루는 작은 강이다. 그런데 카이사르가 이 강을 건넌 일은 왜 그리 대단한 것이었을까? 당시 로마제국 속국 갈리아의 총독이던 카이사르는 제국의 제왕을 꿈꿀 정도로 실력이 막강했다. 당연히 로마 원로원에서는 그를 견제하는 세력이 많았는데, 그를 죽이기 위한 음모를 꾸며 카이사르를 로마 시내로 유인하고자 했다. 로마법상 로마 시내로 군대를 이끌고 오면 안 되기 때문에 카이사르는 혼자 왔어야 했다.

루비콘 강은 로마 시내로 가는 중간 지점에 있는 강이다. 카이사르는 생각한다. 군대를 이끌고 이 강을 건너면 반역자가 되는 것이요, 혼자 가면 자신은 죽는 것이다. 결심이 선 그는 자신의 군대와 함께 거침없이 강을 건넌다. 이것은 곧 로마 원로원에 대한 선전포고였다. 결국 3년간의 내란 끝에 카이사르는 로마를 장악한다. 결정적 선택의 순간 결정적 일보가 바로 '루비콘 강 건너기'다. 루비콘 강을 건넌 카이사르는 로마 지배자가 되든지 반역자로 죽든지 둘 중 하나의 길을 가야 했다. 카이사르가 영웅인 것은 자신의 최후를 과감히 스스로 만들었다는 데서 붙여진 칭송인 것.

한편 카이사르의 어록은 계속 이어진다. 로마 원로원의 비장의 무기 폼페이우스와의 오랜 싸움을 승리로 마감하며 그는 말한다. "왔노라, 보았노라, 이겼노라." 이것은 현재 승리를 다짐하는 구호로 많이 쓰인다.

그리고 총애하던 부하 브루투스의 칼에 찔려 죽으며 카이사르는 마지막 말을 남긴다. "브루투스, 너마저도." 이는 믿는 도끼에 발등 찍힐 때 쓰는 말이다.

빛나는 한 줄 어휘

"이제 돌이킬 수 없게 됐군. 이미 우린 루비콘 강을 건넜다고."

# 클레오파트라의 코
## Cleopatra's Nose

## 세상을 바꾼 아름다움의 대명사

"클레오파트라의 코, 그것이 조금만 낮았더라면 세계 역사가 변했을 것이다." 철학자 파스칼이 한 이 말은 무슨 뜻일까?

로마 공화정 말기의 두 영웅 카이사르, 안토니우스와 함께 로마 정치사의 주요 인물이었던 이집트의 여왕 클레오파트라 7세는 역사상 소문난 미인이었다. 여기서 클레오파트라의 '코'란 그녀의 미모를 함축하는 말. 그러니까 클레오파트라가 아름답지 않았더라면 그녀가 영웅들을 현혹해 세상을 쥐고 흔들 수 없었을 것이라는 뜻. 그렇다면 역사는 달라졌을 것이라는 해석이다. 과연 그럴까?

팜므파탈 이미지가 강한 클레오파트지만 그녀는 몰락해가는 자신의 이집트 왕국을 재건하기 위해 한평생을 고심한 정치가이자 지략가이기도 했다. 자신의 지혜와 미모를 이용해 난국을 타개해가고자 의도적으로 카이사르에게 접근해 그를 유혹한 클레오파트라는 이집트의 독립과 왕좌를 보장받는 대신에 카이사르의 여인이 된다. 하지만 그녀의 야망은 카이사르의 죽음과 함께 물거품이 되고, 카이사르 사후 안토니우스파와 옥타비아누스파로 나뉜 로마

세력 판도를 지켜보던 클레오파트라는 안토니우스를 선택하고 다시 그를 유혹하는 작전을 편다. 작전은 물론 성공하는데, 이 두 사람은 실제 서로 사랑했었다고 한다. 이로써 두 사람은 함께 로마와 이집트를 아우르는 대제국의 주인을 꿈꾼다. 하지만 옥타비아누스와의 한판 승부에서 패배한 안토니우스는 클레오파트라의 품에 안겨 최후를 맞이하고, 그녀는 이제 세 번째 영웅 옥타비아누스를 유혹하고자 하지만 이번에는 실패한다. 그리고 최대한 아름답게 자살한다.

그녀의 코가 조금 낮았다면, 그녀가 조금 덜 아름다웠다면 안토니우스가 그녀에게 매혹되어 옥타비아누스와 한판 대결을 벌이지 않았을 것이고, 그렇다면 고대 막바지 지중해 세계 판도는 꽤나 달라지지 않았을까? 파스칼의 통찰력은 맞기도 하지만 그렇지 않기도 하다. '나비효과'처럼 이 세상 모든 구성요소는 서로 상관관계를 갖기에 하나의 미묘한 변화가 큰 폭풍을 몰고 오기도 하지만, 결국 역사는 우연적 요소의 결과로 진보하기보다는 필연적 성찰과 행동의 힘으로 진보하는 것이다.

빛나는 한 줄 어휘

"언니 코가 무슨 클레오파트라 코라도 되는 줄 알아? 자존심 좀 꺾으라고."

# 십자군
## Crusade

## 십자가를 앞세운 성스러운 살육

가슴과 어깨에 십자가 표시를 한 전투복을 입고 전장에 나선 기사들, 11세기 말에서 13세기 말 사이에 출현한 이들은 서유럽의 기독교도들로서 성지 팔레스티나와 성도 예루살렘을 이슬람교도들로부터 탈환하기 위해 무장한 세력들이다. 이슬람식으로 하면 지하드, 즉 성전을 수행하는 군대인데, 이 군대에 참여한 군사를 십자군이라고 부른다.

전쟁을 선동한 것은 로마 교황으로 그는 과거 이슬람에게 빼앗긴 성지 예루살렘을 탈환한다는 명분 아래 기사들을 모았지만 여기에 참여한 기사들과 상인들은 종교적인 이유로만 모인 것은 아니었다. 봉건영주, 특히 하급 기사들은 새로운 영토를 갖고자 하는 야망에서, 상인들은 경제적 이익을 얻고자 하는 탐욕에서, 또한 농민들은 봉건사회 구속에서 벗어나려는 희망에서 저마다 부푼 꿈을 갖고 원정에 가담했다.

그 밖에도 단순한 호기심, 모험심 등 여러 참가 동기들이 있었는데, 십자군시대 서유럽은 어느 정도 안정된 사회적 기반을 바탕으로 영토확장을 꾀하고 있었기에 십자군은 정치적으로는 식민화 운동의 일환으로도 볼 수 있는 것이다. 여기에 종교는 다만 이 운동을 성스럽게 포장하는 역할을 수행할 뿐이었다. 결국 200여 년에 걸쳐 여덟 차례 이상 파견된 십자군 원정은 유럽 패권을 놓고 기독교 비잔틴 제국이 이슬람 투르크와 한판 붙은 것. 여기서 십자군은 뚜렷한 성과를 거두지 못하고 예루살렘 탈환에도 실패하고 흐지부지 사라져버렸다.

가시적 결과물 없이 엄청난 피만 흘린 전쟁이었지만 그나마 소득이 있었다면 동서양 간 교통과 무역, 문화적 교류가 활발해진 것을 들 수 있다.

그런데 여기서 왜 고상하고 엄숙한 종교가 전쟁과 그리도 긴밀한 관계를 갖는지 묻지 않을 수 없다. 인류 역사상 수많은 인명살상이 발생한 전쟁이 바로 모두 종교전쟁 아닌가. 여전히 종교는 세속 권력과 연관되어 그 본래 위상을 끊임없이 추락시키고 있는데, 이것은 과연 누구의 책임인 걸까?

**빛나는 한 줄 어휘**
"이라크 파병군을 평화의 십자군이라 하던데, 그게 말이 돼?"

# 무적함대
## Invincible Armada

# 세상에 '무적'은 없다

무적함대는 1588년 메디나 시도니아 공작 지휘 아래 영국을 상대로 출항했던 스페인 함대를 가리킨다. 옛 스페인어로 '위대하고 엄청난 행운이 있는 함대'라는 의미를 갖는 이 함대는 펠리페 2세가 파병한 것. 파병 목적은 스페인령 네덜란드의 일부인 네덜란드 공화국에 대한 영국 지원을 억제하고 신세계에 있는 스페인령 영토와 대서양 보물 선단에 대한 영국 공격을 차단하는 것이었다. 스페인과 영국의 한판 승부, 필연적 맞수의 대결이었다.

무적함대에 맞선 영국 해군의 실질적 지휘자는 프랜시스 드레이크 제독. 영국함대는 수적으로 열세였으나 기동력이 뛰어나고 선원들 훈련이 잘돼 있었다. 드레이크는 스페인 주둔지였던 프랑스 칼레를 습격할 것을 제안하고 몸소 작전을 지휘해서 마침내 무적함대를 물리친다. 무적함대의 패배는 스페인 해상무역권을 영국에 넘겨주고 네덜란드가 독립하는 계기가 된다. 또한 중무장한 스페인 거대함선에 맞선 영국 군함들의 전술적 성공으로 이후 해전 전술에 지대한 영향을 미치게 된다. 그리고 승리의 일등공신이 된

드레이크는 이후 넬슨 제독의 출현 이전까지 영국에서 존경과 선망의 대상으로 부상한다. 마치 우리나라 이순신 장군처럼.

전쟁 승리 후 영국은 다음과 같은 비문이 적힌 대형 메달까지 만들었다고 한다.

"신이 입김을 불자 그들은 흩어졌다(God blew and they were scattered)."

무적함대라는 함대명을 비웃기라도 하는 건지. 사실상 무적함대는 전쟁에서 패배했지만, 현재 일상용어로 쓰이는 무적함대는 말 그대로의 뜻을 갖는다. 전쟁보다는 운동경기 승부가 많은 오늘날 막강한 실력을 갖춘 팀을 일컬어 무적함대라 하는 것이다. 하지만 세상에 어찌 적이 없겠는가. 교만은 자멸의 지름길일 뿐.

빛나는 한 줄 어휘

"다음 경기에서 붙을 팀 별명이 무적함대야, 바짝 긴장해야겠어."

# 면죄부
## Indulgence

## 돈이면 다 된다는 천박한 발상

죄를 용서받았다는 것을 증명하는 서류쯤 되는 면죄부, 어떻게 이런 요상한 말이 생긴 것일까? 물론 이것은 기독교에서 유래한 말이다. 기독교 논리에 따르면 그리스도 희생으로 인간 원죄는 용서받았으나 다른 종류의 죄는 살아가면서 참회해야 하는데, 참회는 선행이든지 기도든지 다양한 형태로 이루어진다. 그리고 교회에서는 속죄 과정을 마친 사람에게 면죄부를 발급해주는 역할을 맡는다는 것. 그런데 이 면죄부가 마치 천국 입장권이나 되는 것처럼 교회가 장사를 하기에 이른다. 면죄부를 팔아 그 돈으로 성당을 짓거나 대학 설립기금으로 사용하는 일이 많아진 것이다.

성 베드로 성당 개축 명목으로 교황 레오 10세가 면죄부 판매를 본격화하자 이러한 몰지각한 행태를 더 이상 참을 수 없었던 독일의 마르틴 루터는 분연히 일어서 '95개조 반박문'을 내건다. 교회의 면죄부 장사를 격렬하게 비판하고 종교개혁의 포문을 연 것이다. 당시 면죄부 판매는 교회의 중요한 수입원이었는데, 그에 대한 비판은 교회 권위에 대한 도전이었다. 그는 확신했다. 하느님은 인간에게 무엇을 요구하지 않고 예수 그리스도를 통해 은혜를 베풀어 구원하는 신임을. 그리고 예수 그리스도는 사람들의 구원을 어떤 개인의 손에 일임하지 않았음을.

이에 마르틴 루터는 교회에서 파문 처분을 받고, 이 사건은 당시는 그 여파를 짐작키 어려웠지만 훗날 중세를 마감하고 근대를 여는 계기가 된다. 종교개혁의 물결은 유럽 전역으로 퍼져나가고 마침내 가톨릭 진영이 신교와 구교로 갈라져 오늘에 이르게 된 것이다.

돈으로 천국의 열쇠를 살 수 있다는 이 기발한 발상은 사실 현대 자본주의 사회에서는 그리 대단한 것도 아니다. 황금만능주의라는 말 자체가 그것을 웅변하지 않는가. 하지만 돈이면 무엇이든 못 살 게 없다는 천박한 생각의 뿌리는 점차 흔들려가고 있다. 바야흐로 돈으로 살 수 없는 것들의 정체가 확실해져가고 있는 것이다. 행복, 평정, 자유 등등.

**빛나는 한 줄 어휘**

"대기업들에게 면죄부를 주는 이번 법원 판결은 정의란 무엇인가를 새삼 고민하게 한다."

# 마녀사냥
## Witch Hunt

## 미친 사람들의 광란 퍼포먼스

마녀사냥은 중세 기독교에서 비롯된 것으로 본디 '이단'을 처형하기 위한 것이었다. 성서 말씀에 따라 마법을 쓰는 여자를 재판한 것이다. 그러던 것이 15세기 이후 마녀의 개념이 확장되면서 본격적인 마녀사냥이 시작된다. 기독교를 절대적으로 신봉하면서 권력과 기득권을 유지하기 위한 광적 현상으로 발전한 것이다. 마법과 마녀는 그 시대가 갖는 종교적 번민을 해결할 수 있는 좋은 수단인 동시에 기득권자에겐 확실한 권력 유지 수단이었다.

마녀사냥은 16세기 말~17세기가 전성기였는데, 당시 유럽 사회는 악마적 마법의 존재를 굳게 믿고 있었다. 초기에 마녀사냥을 주관한 곳은 종교재판소로 나름의 원칙이 있었고 희생자 수도 적었지만, 세속법정이 마녀사냥을 주관하게 되면서 마녀사냥은 폭발적으로 증가하고 사회는 그야말로 광기에 휩싸이게 되었다. 17세기 말 마녀사냥의 중심지였던 북프랑스 지방에서는 300여 명이 기소되어 절반 정도가 처형될 정도였다.

이런 집단적 광기는 왜 나타나는 것일까? 마녀사냥은 불안정한 사회에서 사회적 불행이 커질 때 우매한 백성들을 납득시키고자 벌이는 일종의 희생의식이다. 모든 불행의 원인을 마법사와 마녀의 불길한 행동에서 찾아내고 그들을 처형함으로써 집단적 위안을 받는 것이다.

그렇다면 마녀라는 증거는 무엇인가? 그것은 일 년에 한 차례 깊은 밤에 열린다는 '악마의 연희'에 참석했다는 자백이다. 말도 안 되는 이야기지만 이미 마녀로 찍힌 여성은 극심한 심문과 혹독한 고문 탓에 이 '주어진 내용'을 자백하지 않을 수 없었다.

그런데 왜 남자가 아닌 여자였을까? 신학적으로 여성은 원죄로 각인된 존재이기 때문이다. 또한 여성의 육체 자체가 두려움을 자아낸 것이다.

광란의 희생극, 불합리의 극치인 마녀재판은 이성적 세계관과 과학 정신이 대두하는 18세기에 들어서면서 점차 그 모습을 감추고, 오늘날에는 "집단이 절대적 신조를 내세워 특정개인에게 무차별한 탄압을 하는 행위"라는 뜻의 사회학 용어로 쓰이고 있다.

**빛나는 한 줄 어휘**

"앞뒤 가리지 않고 떠들어대는 여론 재판이야말로 현대판 마녀사냥 아니겠어?"

# 기요틴
## Guillotine

## 공포정치의 상징, 합법적 살인 도구

사람이 사람을 합법적으로 죽이는 일, 사형집행 방식은 나라마다 시대마다 가지각색이다. 범죄자 인권에 대한 관심이 높아지는 요즈음도 잔인무도하기 이를 데 없고 파렴치하기가 이루 말할 수 없는 범죄자에게는 한 치의 동정론도 통하지 않는 것이 사실이다. 그런 극악한 죄인은 단두대감으로 지탄받아 마땅하다.

그런데 프랑스혁명 때에 사용한 목을 자르는 사형기구인 단두대 즉 기요틴은 사실상 이전의 야만적 사형방식을 개선한 것이었다. 즉 파리 대학 의학부 교수였던 기요틴 박사는 1789년 12월에 열린 삼부회에 제3신분 대표로 출석해서 나름의 주장을 펼친다.

"처형은 어느 누구에게나 같은 방법으로, 쓸데없이 고통 주는 일 없이 행해져야만 한다."

이렇게 해서 큰 도끼가 달린 단두대가 만들어진 것으로, 위에서 칼날이 뚝 떨어지는 순간 밑에 있는 죄인의 목이 단숨에 잘려나가도록 한 것이다. 사실 그전까지의 처형 방법은 이보다 훨씬 잔혹했다. 죽기 직전까지 극심한 고문을 가하는 것은 물론 처형방법도

산사람을 불에 태우거나 갈가리 찢어 죽이는 등. 그렇기에 단두대형은 오히려 신사적 처형방법이라고도 할 수 있다. 한순간에 생명을 끊을 뿐 잔혹한 체형은 가하지 않는 것이다.

하지만 프랑스혁명 당시 공포정치시대에 많은 사람들이 단두대에 처형당했으므로, 이로써 기요틴은 인민재판이 지니는 공포의 상징물이 되었다. 루이 16세와 왕비 마리 앙투아네트를 비롯해 많은 지롱드당원들이 여기서 참수당했는데, 심지어는 이와 같은 공포정치를 단행했던 로베스피에르 자신도 기요틴에서 처형되었고, 기요틴을 만든 기요틴 자신도 자신이 만든 이 사형기구에서 처형당했다고도 한다.

아무튼 이 끔찍한 처형도구는 1981년 9월 사형제도를 법으로 금지하면서 폐기되었다. 현재 우리나라는 법률상 사형제도를 유지하고 있으나 10년 이상 사형 집행이 이루어지지 않아 실질적 사형폐지국으로 분류되는데, 이에 대한 찬반 논쟁은 여전히 진행 중이다.

빛나는 한 줄 어휘

"저런 나쁜 놈은 교수형도 모자라. 단두대로 목을 쳐야 한다니까."

## 원탁회의
**Round Table Conference**

# 평등하고 공정한 사회의 협상

원탁은 앉는 위치에 따른 상하차별이 없는 평등성을 갖는 것이 특징이다. 둥그런 탁자에 어디 위아래가 있겠는가. 때문에 원탁회의라는 말은 권력관계 없는 평등한 입장에서 대화를 통해 문제를 해결하려는 상황을 뜻한다. 서로 용납되지 않는 입장에 있는 개인·국가가 원탁에 둘러앉아 극적 타협을 모색하는 회의인 것이다. 물론 회의 탁자가 실제로 둥글 필요는 없고, 원탁이라 함은 하나의 상징일 뿐이다. 그래도 실제 탁자 모양이 원탁일 경우 그 의의가 부각되기는 하겠다.

여기서 하나의 상징이 된 원탁은 영국의 유명한 전설 아서왕 이야기에 나오는 말이다. 당시 아서왕은 작위와 관계없이 누구나 평등하게 대화하도록 원탁에서 회의를 주재했다고 한다. 아서왕의 원탁은 그의 아내 귀네비어가 지참금의 일부로 가져온 것인데, 이 원탁에는 150명의 기사가 앉을 수 있었다고 한다. 그런데 실제로 아서왕이 원탁에서 회의를 한 의도는 자신의 기사들에게 명예와 일체감을 부여하려는 것이었다. 왕에게 충성하고 서로 간에 도움과 협력을 주고받겠다는 맹세를 하게 한 것. 이들 기사가 바로 '원탁의 기사'다.

사실상 아서왕의 원탁에 앉을 수 있는 기사는 그리스도교적 사명에 불타는 뛰어난 기사로서 잃어버린 성배(聖杯)를 찾는 것이 지상 목표였다고 하는데, 이 전설의 원탁이 현재 영국 윈체스터에 전시되어 있다. 지름이 5.5미터인 이 원탁은 13세기에 만들어진 것으로 5세기경에 실재했다는 아서왕의 원탁은 아니다.

이런 유래를 가진 원탁은 현대에 들어 원탁회의라는 말로 정착되었고 현실 정치에서 '원만한' 용도로 사용되는데, 역사상 원탁회의가 원만하게 이루어진 최초의 예는 1886년 아일랜드 자치문제로 영국 내 자유당이 분열되자 급진파 체임벌린의 제창으로 이듬해 1월 개최한 영국정부의 원탁회의다. 또한 유명한 원탁회의는 인도 역사상 영국정부가 인도의 장래 정치체제를 토의하기 위해 소집한 세 차례의 원탁회의(1930~32년)다.

현재 원탁회의라는 말은 허심탄회한 대화를 일컫는 대명사로 자리잡았다.

빛나는 한 줄 어휘
"내일 노사간 원탁회의가 있다는데, 어떻게 잘 타결이 되면 좋으련만."

# 메이플라워 협약
## Mayflower Compact

# 배 위에서 세워진 최초의 자치정부

1620년 11월 11일, 훗날 '순례자들의 조상(Pilgrim Fathers)'이라 불
릴 102명의 청교도들이 영국 사우샘프턴을 떠나 미국 매사추세츠
플리머스에 도착한다. 그들이 탄 배가 메이플라워호이고, 메이플
라워 협약은 그 배 위에서 이루어진 서약을 말한다. 무슨 서약이
기에 배 안에서 이루어졌을까?

이들 청교도들은 종교적 박해를 피해 신앙의 자유를 얻고자 제 발
로 신대륙을 찾아온 이들이었는데, 최초의 이민자들이었던 만큼
기대와 함께 불안감도 상당했다. 이들은 목적지에 도착한 후 질서
와 안녕을 보장하는 자주적 식민정부를 수립하고 다수결 원칙에
따라 이를 운영할 것을 승선자 중 성인남자 전원의 서약으로 결정
하여 계약을 체결한다. 당시 이들에게 무엇보다 중요한 것은 자신
들 서로간의 믿음, 단결뿐이었던 것. 살아남기 위해서는 머리를
맞대고 똘똘 뭉쳐야만 했다.

그렇게 해서 탄생한 이 청교도적 사회계약 즉 메이플라워 협약은
플리머스 식민지의 기본법이 되었고, 1691년 이 지역이 매사추세

츠 식민지로 통합될 때까지 존속된다. 그리고 이후 미국 정치사상에 큰 영향을 끼친다.

그런데 이들 필그림 파더스의 협약은 사실상 법률이라기보다는 기독교적 서약 정도의 내용으로 생활규칙 같은 것들이 많이 나열되었는데, 그래도 자신들 모국의 사회계약설이 현실 정치화되기보다 수십 년이나 앞선 선구성을 가진 것이기에 과분한 평가를 받는 것이다. 이들의 이주 목적 또한 단순히 신앙의 자유를 찾는 것이라기보다는 좀 더 풍족한 생활을 꿈꾸었던 것으로, 아마도 청교도 특유의 개척자 정신이 그들을 이끌었을 것이다.

이렇게 배 위의 협약까지 체결하며 단단히 정신 무장하고 신대륙을 밟은 '순례자들의 조상'은 얼마 지나지 않아 추위와 굶주림으로 절반 이상이 사망하고 만다. 아무래도 체력 무장이 정신 무장만 못했나보다.

빛나는 한 줄 어휘

"메이플라워 협약 정신이 살아 숨 쉬는 정치 환경이 되었으면 좋겠어!"

# 엘도라도
**El Dorado**

## 속된 이상향, 노골적인 황금 찬양

황금냄새가 물씬 풍기는 이 말은 스페인어로 황금의 땅을 일컫는다. 정확히 하면 '엘'은 정관사, '도라도'는 '황금의'라는 뜻. 이 엘도라도는 현재 콜롬비아 수도인 보고타 부근 인디언 추장의 이름이 그대로 지명이 된 것이라는데, 이 인디언들은 일 년에 한 번씩 추장 몸에 금가루를 바르고 뗏목에 황금 보물을 싣고 그들이 섬기는 호수(구아타비타) 속의 신을 찾아 호수 한가운데에서 보물을 물속에 던지고 호수 물로 추장 몸의 금가루를 씻어내는 풍습이 있었다고 한다.

16세기 페루와 멕시코를 정복한 스페인 사람들은 이 신비한 전설에 매료되었고 이 추장을 엘도라도라 불렀는데 이 이야기가 와전되어 어느새 엘도라도는 '황금의 땅'으로 변한 것이다. 그리고 이 이야기는 모험심 강한 탐험가들 가슴에 불을 지르고 급기야 이 나라를 찾아서 많은 탐험가들이 남아메리카로 건너간다. 하지만 모두가 허사였다. 사실상 이 인디언 전설에 나오는 황금은 남아메리카 북부 산악지대에서 산출되는 운모(雲母) 가루일 것이라고 한다.

그런데 1534년 마침내 엘도라도를 찾았다고 허풍 치는 인간들이 등장한다. 그러나 알고 보니 그들은 잉카제국 최후의 왕인 아타와르파를 납치해 그 몸값으로 황금을 받아온 것에 불과했다. 사람들은 그들의 엘도라도 발견이 허풍임은 인정했지만 그래도 그쪽에 금이 많긴 많은가보다 생각하게 되었고, 황금에 눈먼 사람들은 꾸역꾸역 남미로 몰려들었다. 그야말로 골드러시였다. 물론 결과는 뻔했다.

이후 엘도라도는 '돈의 이상향'이 되어 떨칠 수 없는 일확천금의 꿈을 시사하게 되는데, 이는 문학작품 속에서도 자주 인용되고 도시 이름, 술집 이름으로도 각광받는다. 지금 이 순간에도 엘도라도를 그리워하며 어디엔가 나를 위한 황금이 숨어 있지 않을까 생각하는 사람이 있을 것이다. 이미 진정한 황금을 손에 쥐고 있음에도 말이다.

빛나는 한 줄 어휘

"내 삶을 변화시킬 꿈의 도시 엘도라도를 반드시 찾아내고야 말겠어."

# 질풍노도
**Sturm und Drang**

## 삶을 한껏 살찌우는 고뇌와 방황

독일어 '폭풍과 압박(Sturm und Drang)'. 영어로는 '폭풍과 스트레스(storm and stress)'. 몹시 빠르게 부는 바람과 무섭게 소용돌이치는 물결을 뜻하는 질풍노도는 1770년에서 1780년에 걸쳐 독일에서 일어난 문학운동을 일컫는다. 이 문학운동의 주요한 장르는 시와 희곡이었으며, 대표 작가로는 괴테와 실러, 클링거, 바그너, 뮐러 등을 들 수 있는데, 이들은 당시 유럽을 지배하던 계몽주의 합리성을 거부하고 자연과 인간의 독자적 감성을 찬양했다.

당시 구박받던 계몽주의도 이전에는 진보적 가치로 등장했겠지만 어느새 보수적 틀이 되어 개성을 억압하는 기제로 작동하고, 이 새로운 질풍노도의 바람이 신세대 젊은이들의 영혼을 사로잡았으니, 모든 젊은이들이 일제히 '내 인생은 나의 것'을 외치게 된 것이다.

질풍노도라는 말 자체는 프리드리히 폰 클링거의 동명 희곡에서 온 것이다. 셰익스피어풍 인물을 중심으로 극을 구성하는 극작가였던 그는 극의 캐릭터에 생명력을 불어넣기 위해 애쓴 작가였다.

이렇듯 질풍노도는 인간이 세계의 중심으로 부상하는 하나의 문화변혁운동이었다. 당시는 프랑스 혁명의 분위기가 한창 무르익던 시대로 심상치 않은 사회적 분위기가 문학작품 속에서 소용돌이치는 인간의 심리로 적극 표현된 것인데, 이 흐름의 대표적 작품이 바로 괴테의「젊은 베르테르의 슬픔」이다. 여기서 다른 사람의 약혼녀 로테를 못 잊고 끝내 권총자살로 생을 마감하는 베르테르는 당시 새로운 젊은 감성의 대표주자였다. 소설주인공인 그를 모방해 자살하는 젊은이들이 상당수였다 하니, 여기서 모방자살을 일컫는 '베르테르 효과'라는 말도 생긴 것이다.

아이도 아니고 어른도 아닌 모호한 위치에서 자아의식과 현실적응 사이의 갈등, 소외, 외로움, 혼돈의 감정을 경험하는 청소년 시기를 '질풍노도의 시기'라고 하는데, 아픈 만큼 성숙해진다고 하지 않던가. 질풍 안에서 혁신적 도전을 이룬다면, 그 소용돌이를 통과한 후 우뚝 커버린 자신을 발견할 것이다.

빛나는 한 줄 어휘
"저기, 잔뜩 기세 오른 사람들이 질풍노도처럼 밀려오는구먼."

# 앙시앵레짐
## Ancien R'egime

# 과거와의 단절, 새로운 시대의 개막

'앙시앵레짐'은 프랑스어로 '낡은 제도'를 의미하는 말. 일반적으로 프랑스 혁명으로 탄생한 새로운 체제와 비교해 이전 제도의 낡은 특징을 일컫는 '구제도'라는 특정개념으로 쓰인다. 구체적으로 앙시앵레짐은 1789년 프랑스혁명 직전까지 약 100년간, 길게는 16세기에서 18세기까지 300년간의 절대왕정을 가리킨다.

겉으로는 평온한 듯 보인 프랑스 절대왕정 시대, 그 속모습은 영 딴판이었다. 이 구체제에서 전 인구의 2%인 제1신분(성직자)과 제2신분(귀족)은 세금면제 혜택을 받으며 연금 수령, 관직 독점, 토지의 약 30%를 소유하는 부와 명예를 누렸지만, 전 인구의 98%인 제3신분(시민계급, 농민, 노동자)은 국가재정의 대부분을 부담하면서도 그에 합당한 대우를 받지 못했다.

이러한 모순적 구조가 곪고 곪아터져 밖으로 표출된 것이 프랑스혁명이다. 이 혁명 이념은 유럽 전반을 뒤흔들며 새로운 시대를 여는 신호탄이 되었으며 정치경제, 사회문화, 예술 전반을 뒤바꾸어놓았으니 프랑스혁명 이전과 이후는 시대적으로 확연히 구분되는 것이다.

이로써 앙시앵레짐은 역사적 학술용어로서 어떤 시기를 기점으로 과거와 질적으로 분리되는 경우 과거의 정치체제를 가리키는 말로 사용된다. 그러나 획기적 구분이 없는 경우에도 단순히 지나간 과거를 뜻하는 말로 사용되기도 하는데, 이때는 역사적 맥락보다 과거와의 단절 그 자체가 중요한 의미를 갖는다. 또한 어떤 정치적 사회적 현상을 타도하고 변혁하려는 무리가 그 타도 대상을 이르는 말이기도 하다.

언젠가 한 국내 정치가가 우리나라 진보정치의 걸림돌을 이야기하면서 "3김이 만든 앙시앵레짐 날려버리자"라는 표현을 했는데, 이는 민주화시대에 낡은 앙시앵레짐을 마감하고 싶은 그 나름의 간절함을 표현한 것이다.

빛나는 한 줄 어휘

"정치집단 그리고 기업들이여, 앙시앵레짐을 깨고 소신껏 행동하라."

# 르네상스
## Renaissance

## 부활하라, 탄생하라, 모든 영광이여!

르네상스는 15~16세기 이탈리아를 중심으로 해서 유럽 전역으로 뻗어나간 문예부흥운동을 말한다. 말 자체는 부활, 재생의 뜻. 무엇을 살려내고자 했느냐면 바로 학문과 예술. 그럼 이전에는 학문과 예술이 죽었다는 뜻일까? 그렇다.

르네상스 사상의 기본을 만든 이탈리아 인문주의자 페트라르카에 따르면 인류의 고대시기에 인간 문화가 절정을 이루었던 반면 중세에 접어들어 '신'의 영광이 세상을 가득 채우면서 인간의 창조성이 철저히 무시된 '암흑시대'가 되었다는 것. 이 암흑의 시대에서 학문과 예술을 살려내자는 것이 르네상스였던 것이다. 어떻게? 이는 고전학문의 부흥을 통해 가능하다고 보았는데, 여기서 르네상스 즉 '부활'의 의미는 단순히 고대 학문과 예술을 그대로 답습하는 것이 아니라 인간성의 부활, 인간 중심 사회의 새로운 탄생을 의미했다.

『로마인 이야기』라는 책으로 유명한 저자 시오노 나나미는 "보고 싶고, 알고 싶고, 이해하고 싶다는 욕망의 분출, 바로 그것이 나중에 후세인들이 르네상스라고 부르게 된 정신운동의 본질"이라고 했다.

그런데 르네상스 중심지는 왜 이탈리아였을까? 당시 이탈리아는 새로운 경제관념을 가진 새로운 계층이 부상하면서 특유의 시민문화가 형성되어 새로운 기운의 조짐이 만연했던 것. 또한 이탈리아는 서유럽의 다른 어떤 지역보다도 고대 로마시대 유적이 산재해 있는 등 고전시대에 막강한 친밀감을 가지고 있었던 것. 그리고 이탈리아인들이 갖는 문화적 자부심이 상당했으니 당시 사유재산제가 잘 발달된 이탈리아에는 예술가들이 후원의 기회를 많이 가질 수 있었던 것이다.

신에게서 인간으로 모든 초점이 맞춰진 르네상스 시대정신은 특히 예술에서 크게 빛을 발한다. 미술에서는 인간과 자연의 지금 그대로의 아름다움을 묘사하는 사실적인 미술이 나타나는 등 인간의 재발견, 인간성 해방을 위한 노력은 사상·문학·건축 등 다방면에 걸친 것이었다.

르네상스라는 말은 현재 서울 한복판 수많은 간판에서 그 이름을 휘날리기도 하는데, 여기서의 뜻은 '부활하라, 영광이여'의 뜻.

**빛나는 한 줄 어휘**

"어두운 지난날은 이제 안녕, 오늘부터 진정한 내 삶의 르네상스를 꿈꿔볼 테야."

# 골드러시
## Gold Rush

# 황금으로 운명을 바꾸리라!

19세기 미국에서 금광이 발견된 지역으로 사람들이 몰려든 현상을 지칭하는 골드러시는 인간의 재물욕을 단적으로 증명하는 말이다. 황금을 향한 인간의 강렬한 열망은 실로 엄청나서 그야말로 '러시'를 이루며 달려들었으니, 때는 150여 년 전의 일.

1848년 새크라멘토에 가까운 아메리칸 강 지류 강바닥에서 금이 발견되고 그 주변에서 많은 금이 나오자 각지의 미국인들이 얼씨구나 하고 금을 캐러 모여들었다. 황금에 관한 소문은 급속히 퍼져나갔고 1849년에는 미국뿐만 아니라 유럽, 중남미, 하와이, 중국 등지에서 약 10만 명의 사람들이 이곳 캘리포니아로 이주해왔다.

일확천금을 꿈꾸고 황금을 향해 돌진한 이들 노다지꾼들을 가리켜 포티나이너스(Forty-niners)라고 하는데, 이 말은 1849년에 이주해온 사람들을 지칭하는 표현으로 우리에게도 잘 알려진 미국 민요 「클레멘타인」 가사에도 등장한다.

이로써 인구가 급격히 증가한 캘리포니아는 이듬해인 1850년에 정식 주(州)로 승인됐고 골드러시는 산간벽지였던 미국 서해안 지역을 순식간에 변화시켰다. 서부지역 역사를 새로 쓰는 원동력으로 작동한 것. 이는 오늘날 실리콘밸리가 증명해준다.

그런데 북미대륙 금광의 역사는 '슬픈 눈물의 길(Trail of Tears)'을 만들어내기도 했다. 미국 내 금광 개발이 시작되자 미국 정부는 1830년 '인디언 강제 이주법'을 강행했고, 이로써 스탈린 시대에 우리 고려인들이 중앙아시아로 강제이주당한 것처럼 아메리카 토착민들은 인디언 보호구역으로 강제이주당하게 된다. 당시 많은 사람들이 병, 추위, 굶주림으로 죽어간 그 이주의 길이 '슬픈 눈물의 길'이다.

이렇듯 슬픈 눈물의 길을 만들며 역사상 수많은 골드러시가 존재했지만 실제 황금방석에 앉은 사람은 극소수일 뿐. 하지만 그 돈을 중심으로 사회구조가 바뀌고 진화한 것만은 분명하다.

빛나는 한 줄 어휘

"화려한 골드러시 이면엔 얄팍한 장사치들의 농간이 들어 있는 법."

# 와스프
WASP

## 특권의식으로 무장한 미국 엘리트

와스프는 '앵글로색슨계의 신교도 백인종(White Anglo-Saxon Protestant)'의 약자로 현대 미국사회 주류 지배계층을 뜻한다. 이들은 메이플라워호를 타고 온 사람들을 선구자로 해서 영국에서 미국으로 이주한 사람들의 자손으로, 자신들을 다른 민족이나 종교로부터 차별화하기 위해 이 말을 사용했다. 그러니까 이는 자기들 이외의 모든 인종집단들을 계속 지배하겠다는 의지가 담긴 말이다.

이들 와스프는 현대 미국사회 주류로 확실하게 자리잡으며 정계, 재계에서 성공을 거둘 수 있는 절대적 조건이 되기도 했다. 1920년대까지는 미국 200대 기업 대부분이 와스프 소유였으며 미국의 정치권력도 이들 독점체제로 이어졌다. 보수성이 강한 와스프는 예의범절을 중시하고 자녀들을 엄격히 교육시키며 자기들만의 사교모임을 갖는 것이 특징이다. 이렇듯 배타성을 특징으로 하는 이들 엘리트 그룹은 문화다원주의 시대를 맞아 사회적 분위기가 달라지면서 유대계, 가톨릭계, 유색인종 등에게 기득권을 배분하는 등 자신들만의 영역을 개방하고 있다.

사실상 와스프라는 말은 영어권 사회를 넘어서 사회의 엘리트그룹을 비유적으로 지칭할 때 널리 쓰이기도 하며, 재미있게도 말벌(wasp)처럼 톡톡 쏘는 성미 까다로운 사람을 가리키는 속어로 사용되기도 한다. 그런데 최근에는 이 용어가 배타적이고 비창조적이라는 의미를 가진 경멸 투의 말로 쓰이는 경우도 있으며, 게다가 유럽계 미국인들에 대한 인종적, 민족적, 종교적 욕설로까지도 의미가 전용되었다.

특권층이라 불리는 집단이 자신의 기득권을 어떤 식으로 사용하느냐에 따라 그들에 대한 사회적 평가는 확연히 달라지는 법. 역사상 '개척정신'이라는 미명하에 북아메리카 인디언들 삶의 터전을 짓밟고 얻어낸 지위가 와스프임을 생각할 때, 그들에게는 자신들의 기득권을 감사히 여기는 마음에서 자신들 부와 특권을 사회에 나눠줄 의무가 있다고도 할 수 있다.

빛나는 한 줄 어휘

"와스프의 영향력이 급속도로 줄어들고 있는 미국사회의 새로운 지도자는 누가 될 것인가?"

# 드레퓌스 사건
## Dreyfus Affair

# 진실은 결국 승리하는 법

법은 그 무엇보다 진실을 밝히는 일에 앞장서야 함에도 현실은 그렇지 못한 경우가 종종 있다. 하지만 역사상 진실의 힘은 언제나 위대하고 놀라웠다. 드레퓌스 사건은 그것을 보여준다.

1894년 프랑스 육군 포병대위였던 유대인 알프레드 드레퓌스가 간첩 혐의로 유죄 판결을 받는 것으로 사건은 시작된다. 증거는 독일 대사관부 육군 무관 앞으로 보낸 편지의 필적인데, 이것이 드레퓌스 필적과 유사하다는 것이다. 그는 종신형을 선고받고 프랑스령 기아나의 악마섬으로 유배당한다. 사실상 유대인에 대한 편견이 드레퓌스를 간첩으로 몰고 간 것이다. 당시 고급 장교들은 자신들의 실수를 덮으려고 사실을 은폐했으며, 반유대적인 가톨릭교회와 보수 언론들도 드레퓌스 사건을 여론재판하며 유대인들을 맹비난했다.

그런데 진짜 사건은 그 후 발생했다. 드레퓌스가 유배된 지 일 년 만에 진짜 간첩 에스테라지가 우연히 적발된 것이다. 이를 발견한 피카르 중령은 참모본부 상부에 이 사실을 알리며 드레퓌스의 무죄를 주장했지만 진범은 무죄로 풀려나고 피카르는 군사기밀 누설죄로 체포된다.

그때 자료를 입수한 어느 한 신문이 드레퓌스 사건을 세상에 공개했는데, 그럼에도 진실은 끊임없이 왜곡되었다. 이에 작가 에밀 졸라는 1898년 1월 13일 로로르 신문에 '나는 고발한다!'라는 제목으로 대통령에게 보내는 유명한 공개편지를 기고함으로써 사건의 진실을 폭로한다. '역사상 위대한 소동'이 된 이 폭로 덕분에 프랑스 전국이 드레퓌스 재심파와 재심 반대파로 나뉘며 들끓게 되고 정국은 극심하게 소용돌이친다. 그리고 결국 드레퓌스는 무죄 판결을 받고야 만다.

그런데 슬프게도 이러한 사건은 시대를 불문하고, 나라를 불문하고 얼마든지 찾아볼 수 있는 사례다. 지금도 어디선가 '현대판 드레퓌스 사건'은 발생하고 있을 것이다. 중요한 것은 사건 당사자뿐만 아니라 모든 사람들이 진실을 밝히고자 하는 의지를 결코 버려서는 안 된다는 것. 그 의지만이 진실을 지켜낼 수 있을 것이다.

**빛나는 한 줄 어휘**

"얼마 전 일어난 유서 대필 사건, 그거 현대판 드레퓌스 사건 아니야? 아무래도…"

# 엉클 샘
## Uncle Sam

# 친근한 미국 대표 캐릭터

'샘 아저씨' 엉클 샘은 미국을 의인화한 것으로 미국 또는 미국정부를 상징하는 별명이다. 엉클 샘의 이니셜 US는 미합중국(United States)의 약자 U.S.와도 같은 것.

실제 엉클 샘은 19세기 뉴욕의 기업가였던 새뮤얼 윌슨의 별명이었다. 군대용 소고기 납품업자였던 그는 전쟁중 소고기 물품상자에 정부 군수품임을 표시하기 위해 자신의 별명인 엉클 샘의 약자 US를 스탬프로 찍어 넣었는데 이를 본 사람들은 이 스탬프 글씨가 엉클 샘 윌슨을 말한다는 것은 생각지도 못하고 미국정부 소유라는 뜻으로만 생각했다.

그로부터 엉클 샘은 미국을 상징하는 대명사로 널리 쓰이게 되었고, 1961년에는 의회에서 이를 비준받기까지 했다.

이후 엉클 샘은 미국 대중들도 애용하는 하나의 캐릭터가 되었다. 만화를 좋아하는 미국인들은 여러 엉클 샘 만화 캐릭터를 만들어 냈는데, 전형적인 엉클 샘은 키가 큰 백인으로 흰 수염을 휘날리며 머리에는 굴뚝과 같은 큰 모자를 쓰고 미국 성조기 디자인을 한 양복을 입고 있는 모습이다. 이 모습은 1916년 정부 모병 포스터에서 처음 등장한 것. 여기서 엉클 샘은 "I Want You"라고 보는 이를 손가락으로 가리키고 있는데, 한마디로 얼른 군대에 자원하라는 말이다. 이후 엉클 샘의 이 말은 정부 재무담당자들이 자주 사용하는 표어가 되었다. 전쟁기금이 필요하니 자금 협조를 부탁한다는 뜻으로.

반면 영국에도 엉클 샘과 대비되는 상징적 캐릭터가 있으니 바로 존 불이다. 금발머리에 뚱뚱한 체격, 무뚝뚝한 얼굴을 하고 있는 존 불은 영국인의 외모와 성격, 역사를 대변하는 캐릭터인데, 엉클 샘이 조금은 깐깐한 아저씨 느낌이라면 존 불은 흡사 KFC 홍보용 할아버지 같은 푸근한 이미지다.

외모는 상당히 대조되지만 둘 다 각각의 정부를 상징하며 국민들에게 국가주의를 심어주는 역할을 똑같이 수행한다.

엉클 샘은 속어로 FBI 요원을 가리키기도 한다.

빛나는 한 줄 어휘

"엉클 샘 학원이 왜 이렇게 많아? 이제 한국아이들도 샘 아저씨랑 친구하겠네."

# 아우슈비츠
**Auschwitz**

## 잔인함의 끝을 보인 강제수용소

인간이 얼마나 잔인할 수 있는지를 보여주는 역사적 사건은 많다. 그 중에서도 제2차 세계대전 중 나치 독일이 자행한 유대인 대학살, 즉 홀로코스트는 대표적인 예라 할 것이다. 아우슈비츠는 그 홀로코스트가 일어난 현장이다. 폴란드 남부 비엘스코 주에 속한 이 평범한 도시는 2차 세계대전 중 독일군에게 점령당한 후 유례없는 '인간도살장'인 아우슈비츠 수용소가 들어서면서 공포의 대명사가 되었다.

1940년 4월 27일 유대인 절멸을 외치며 광분했던 하인리히 힘러의 명령 아래 나치스친위대가 이곳에 첫 번째 수용소를 세우고 폴란드 정치범들을 수용하기 시작한다. 그 뒤 히틀러의 명령으로 1941년 이 수용소는 대량학살시설로 확대되어 아우슈비츠 2호와 3호가 세워지는데, 이로써 이곳은 목욕실로 불린 악명 높은 가스실을 비롯해서 시체보관실, 소각실까지 모두 갖춘 완벽한 유대인 처리시설이 된다. 1945년 1월까지 나치스는 이곳에서 250만~400만 명의 유대인을 처형한 것으로 추산된다. 이로 인해 아우슈비츠는 홀로코스트를 상징하는 말이 되었다.

그런데 어떻게 이성을 가진 인간이 그런 끔찍한 만행을 저지를 수 있는 것일까? 전쟁이 끝난 후 전범 재판시 유대인 학살 실무책임자 아이히만은 자신의 양심은 나치의 명령을 따른 것일 뿐 자신은 죄가 없다고 주장했다. 그리고 이 재판에서 독일 철학자 한나 아렌트는 너의 죄는 바로 '생각 없음'이라고 일갈했다. 그렇다. 인간은 기계가 아닌 이상 자기 머리로 사유해야 한다. 어떻게 아무 생각 없이 모든 명령에 복종할 수 있단 말인가.

아우슈비츠 수용소는 1947년 7월 폴란드 의회가 박물관으로 영구 보존키로 결의해 현재는 박물관과 전시관으로 꾸며져 있고, 1979년 유네스코는 이곳을 세계유산으로 지정했다. 폴란드는 이곳을 회복하자마자 아우슈비츠를 옛 이름인 오수비엥침으로 되돌렸다. 비참했던 기억을 지우기 위해서다. 하지만 우리는 그 역사를 결코 잊어서는 안 된다.

빛나는 한 줄 어휘

"아우슈비츠를 알게 된 이후, 인간은 대체 무엇인가를 숙고하게 된다."

# 자유의 여신상
## Statue of Liberty

## 자유를 향한, 자유를 위한 거대한 상징

미국과 뉴욕의 대표적 상징물이 바로 위풍당당한 모습이 인상적인 '자유의 여신상'이다. 각종 영화나 문학 작품에서 많이 언급되어 익숙한 이 조형물의 원래 이름은 바로 '세계를 밝히는 자유'. 이 여신은 오른손으로는 '세계를 비추는 자유의 빛'을 상징하는 횃불을 쳐들고 있고, 왼손으로는 '1776년 7월 4일'이라는 날짜가 새겨진 독립선언서를 들고 있다.

자유의 여신상은 프랑스가 19세기 말에 미국의 독립 100주년을 축하하기 위해 선물한 것이다. 동(銅)으로 만든 여신상의 무게는 225톤, 지면에서 횃불까지 높이는 93.5미터에 이르고, 집게손가락 하나만도 2.44미터 길이라고 하니 실로 거대한 규모인데, 이 규모를 그대로 운송한다는 것은 불가능한 일로 프랑스가 미국에 보낼 당시에는 아직 조립이 되지 않은 상태였고, 배를 통해 미국으로 온 다음 미국에서 조립해 완성한 것이다.

미국에만 가면 무슨 일을 하든 행복하게 잘살 수 있으리라는 꿈같은 생각을 뜻하는 '아메리칸 드림'이 한창 물오르던 시절, 부푼 꿈을 안고 뉴욕 항구로 들어온 이민자들이 가장 먼저 보게 된 것이 바로 이 자유의 여신상이다. 자유와 행복을 찾아 수만 리 물길을 헤쳐온 사람들에게 눈앞에 우뚝 솟아 있는 이 여인상은 그야말로 자신들의 밝은 미래를 약속하는 징표처럼 보였으리라. 그리하여 미국 독립을 기념하기 위해 세워진 여신상은 자유의 나라, 이민의 나라 미국을 상징할 뿐 아니라 더 나아가 자유 그리고 모든 압제와 고통으로부터의 해방을 의미하는 상징물로 자리잡게 된다.

자유의 여신상 내부에는 전시실과 엘리베이터가 있으며, 엘리베이터를 이용해 여신상의 왕관 부분에까지 오르면 뉴욕을 내려다보는 전망대가 설치되어 있다. 1984년 세계문화유산에 등재된 이 상징물은 9·11테러로 인해 지금은 머리까지밖에 공개되지 않고 있다.

그런데 자유의 상징은 왜 여신인 걸까? 고대 그리스 시절부터 자유는 여성으로 상징되었던바, 이는 아마도 '최후의 마이너리티'로서 여성의 존재를 역설하는 것은 아닐는지.

빛나는 한 줄 어휘

"미국의 아이콘 자유의 여신상, 미국은 정녕 그녀의 정의가 실현되는 땅일까?"

# 닉슨독트린
## Nixon Doctrine

## 아시아 문제는 아시아인 손으로!

독트린이란 국제사회에서 한 나라가 공식적으로 표방하는 정책상의 원칙을 뜻하는 것으로, 국가의 수반(주로 대통령)이 자국의 외교정책을 장차 어떻게 끌고 갈 것인지에 대해 여러 나라에 선언한 것을 말한다.

우선 트루먼독트린은 1947년 트루먼 미국 대통령이 선언한 미국의 '반소반공' 세계외교정책을 말한다. 미국은 공산주의 세력 확대를 반대하는바 앞으로 미국은 공산주의 세력 확대를 저지하기 위한 모든 행동을 하겠다는 선언을 한 것이다. 이에 따라 미국은 당시 공산주의 세력과 투쟁하던 그리스와 터키에 막대한 규모의 원조를 퍼부었고, 이 원칙은 그 후 미국 외교정책의 기조가 되어 유럽부흥계획과 북대서양조약으로 구체화되었다.

그리고 트루먼독트린을 잇는 미국의 중대한 외교정책이 1969년 닉슨 미국 대통령이 발표한 닉슨독트린인 것. 괌에서 발표해서 괌독트린이라고도 한다. 당시는 자유진영과 공산진영 간에 평화공존 분위기, 즉 데탕트 무드가 형성되기 시작하던 참. 미국은 베트남전에서 쓴맛을 본 터에 대내외적으로 비난여론까지 급등하자 외교방향을 급선회한 것이 닉슨독트린이다. 내용은 대략 이렇다. 미국은 앞으로 베트남전 참전 같은 군사적 개입을 피할 것이며 아시아의 방위는 아시아인의 힘으로 하게 할 것인즉 이들 국가들에 대해서는 주로 경제적 지원을 하겠으며 미국은 핵우산을 제공함으로써 대소봉쇄전략을 추구하겠다는 것.

결과적으로 트루먼독트린은 냉전을 공고히 하고 닉슨독트린은 탈냉전을 선언한 셈인데, 이는 당연히 한반도에도 태풍을 몰고 왔다. 즉 미국은 '한국 안보의 한국화'라는 논리를 바탕으로 닉슨독트린을 한국에도 적용시켰던 것. 닉슨 행정부는 주한미군 감축과 한국 국방력 증대를 병행 추진함으로써 이후 주한미군 추가 감축을 둘러싼 한미 간 갈등을 예고했으며, 당시 반공을 표명하던 박정희정권은 미국의 영향력 하에 7·4남북공동성명을 발표해 남북한 긴장관계 완화를 꾀하는 등 닉슨독트린은 우리에게도 막강한 영향력을 행사했다.

빛나는 한 줄 어휘

"우리 관계도 닉슨독트린처럼 대결보다는 교섭 쪽으로 방향을 좀 바꿔보지."

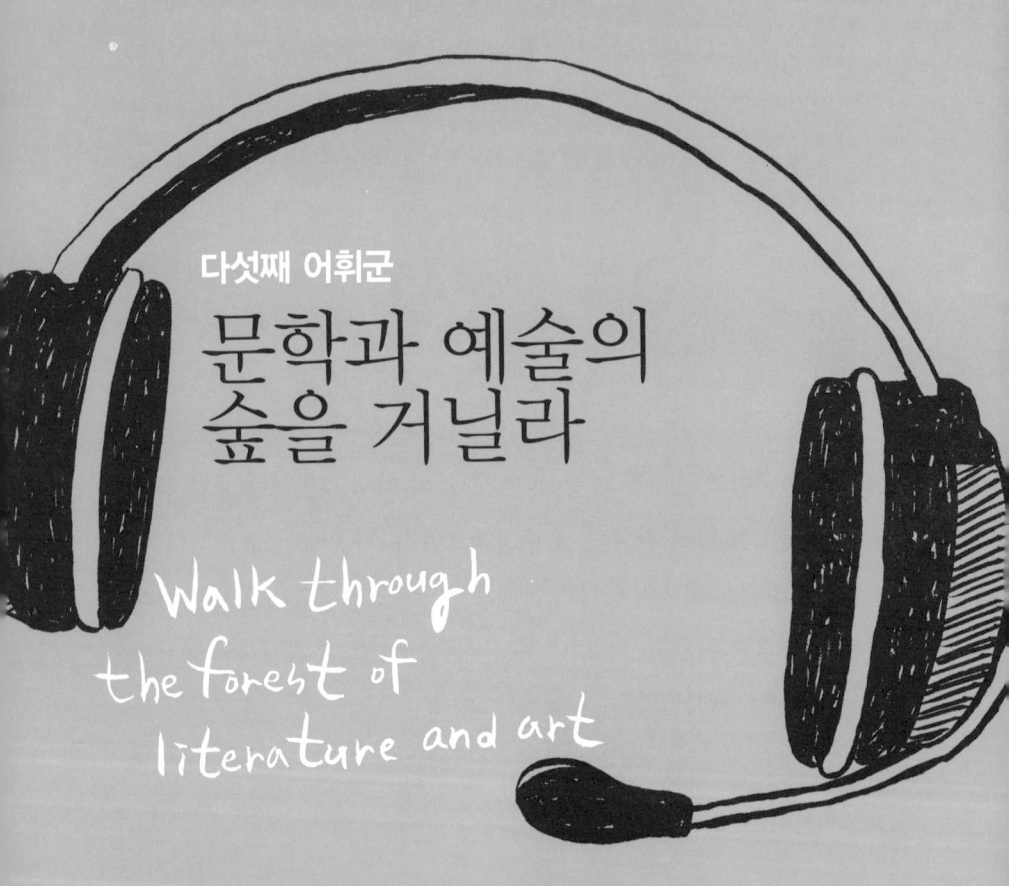

다섯째 어휘군

# 문학과 예술의
# 숲을 거닐라

Walk through
the forest of
literature and art

문학과 예술이란 진실을 드러내는 아름다운 거짓.
결코 사라지지 않는 꿈과 희망의 향연에 '나'를 내맡겨라.

# 프로메테우스의 불
## Promethean Fire

## 최초의 창조주의 지극한 인간사랑

인류 문명의 시작을 가리키면서 어떤 분야에서 '창시자' '선각자'
라는 의미를 갖고 있는 프로메테우스의 불. '앞서 생각하는 이
(forethinker)'라는 뜻의 이름을 갖는 프로메테우스는 그리스 신화
속 인물이다. 올림포스의 신들보다 한 세대 앞서는 티탄족의 이아
페토스의 아들인 프로메테우스는 주신(主神) 제우스가 감춰둔 불을
훔쳐 인간에게 내줌으로써 인간에게 최초로 문명을 가르친 장본
인이다. 그렇다면 그는 왜 인간에게 불을 내주었을까? 제우스와의
권력관계를 생각해볼 수 있다. 신화 속에서 제우스가 신들의 대표
라면, 프로메테우스는 인간의 보호자로 설정된다.

신화에 따르면 프로메테우스는 찰흙을 물에 빚어서 신의 형상을
본떠 사람을 만들었다고 한다. 그리고 자신이 만든 인간을 애지중
지하고 이것저것 재주를 부여하다가 결국 신들의 불까지 훔쳐 주
기에 이른 것이다. 그러자 불을 도둑맞은 제우스는 복수를 결심하
고 그를 바위에 쇠사슬로 붙들어 매놓고 독수리로 하여금 그의 간
을 쪼아 먹도록 명령했다. 매일 낮에는 독수리가 간을 포식하고,

밤이 되면 간은 다시 새로 돋아나니 영원한 고통을 겪게 한 것이다. 죽지도 못하고 끊임없는 고통에 시달리는 이 형벌은 상상할 수 있는 가장 가혹한 형벌임이 분명하다. 하지만 자신의 형벌을 달게 감수하며 프로메테우스는 이렇게 말했다.

"그 누구도 운명을 거스를 수는 없다. 누구에게나 각자의 운명의 짐이 있고 이를 감당해야 한다."

이렇듯 거창한 인물 프로메테우스는 인간의 역사와 함께 그 위상을 더욱 공고히 하게 된다. 운명적 구원을 선사하는 구세주의 이미지로, 혹은 무모하리만큼 철저히 의지적인 인물의 표상으로 등장하며 인류사에서 하나의 상징이 된 것이다.

한편 제우스는 프로메테우스에게 불을 선물받은 인간에게도 형벌을 내리는데, 그것이 바로 최초의 여성인 판도라다. 판도라는 재앙, 허영, 불행의 상징인 것. 인간의 모든 고통이 여자로부터 나왔다는 이 고전적 설정이 마음에 들진 않지만 그래도 판도라에겐 희망이 있으니 천만다행이다.

빛나는 한 줄 어휘

"인류 삶을 정화시킬 새로운 의미의 프로메테우스의 불은 누가 가져올 것인가?"

# 에로티시즘
## Eroticism

## 아름다우나 모호한 성적 본능

에로티시즘은 그리스 신화 속 사랑의 신 에로스에서 유래한 말로
서 남녀 간의 사랑이나 관능적 사랑의 이미지를 암시한다.

카오스(혼돈)에서 태어난 에로스는 모든 신의 부모가 되는 우라노
스(하늘)와 가이아(대지)를 짝지어준 이래로 신과 인간의 짝짓기를
책임지며 무한한 생식력 그 자체로 숭앙받았던 짝짓기의 절대자
였는데, 사실상 '에로스' 하면 사랑과 미의 여신인 아프로디테의
아들이라는 설이 더 유명하다. 기원전 6세기만 해도 준수한 청년
의 모습이던 에로스는 고대 예술과 문학 속에서 날개를 단 귀여운
소년으로 등장하며 인간에게 더욱 친근한 존재가 된다.

귀여운 소년이 된 에로스는 타고난 장난기를 주체하지 못하고 신
과 인간을 불문하고 자신의 화살을 쏘아대며 그 화살을 맞은 사람
을 사랑에 눈먼 존재로 만들어버린다. 여기서 에로스의 화살이 바
로 '큐피드의 화살'이다. 큐피드(욕망)의 화살에 꽂힌 사람은 무조
건 그 순간을 기점으로 처음 본 이성을 사랑하게 되는데, 안타깝
게도 상대는 무조건 그 사랑을 거부하게 된다. 이것이 아마도 사

랑의 본질이리니.

에로스에서 출발한 에로티시즘, 관능적 사랑의 역사는 인간의 역사와 궤를 같이한다. 폼페이의 벽화를 보면 고대인의 성생활이 조형적이며 자유롭게 표현되어 있는데, 이렇듯 아무 억압 없던 사랑의 표현이 중세 기독교 시대에 와서 정신적 가치가 중요시되면서 잠시 쇠퇴한 듯하다 르네상스를 맞아 인간의 미적 본성으로 다시 조명받는다.

플레이보이로 알려진 돈 후안과 카사노바, 이들은 중세에 죄악과 악마의 이미지로 묶여 있던 성을 해방시킨 선구자이기도 한바, 20세기까지 에로티시즘은 종교와 금기로부터 성을 자유롭게 하는 노력이라고도 볼 수 있다. 프로이트는 인간에게 리비도(성본능)가 존재함을 과학적으로 설명해 에로티시즘을 새로운 차원에서 바라본 인물로 유명하다.

에로티시즘은 현대에 와서 성의 상품화 문제로 자주 논란의 대상이 되는데, 끊임없이 반복되는 질문인 '예술과 외설'의 경계는 '에로틱하다'는 표현의 모호함 때문에 쉽게 정의되기 힘든 문제인 듯하다.

빛나는 한 줄 어휘

"에로티시즘을 표현한 미술 작품들을 보면 인간의 신체가 참 아름답다는 생각이 들어."

# 소돔과 고모라
## Sodom and Gomorrah

# 불바다로 응징된 타락의 상징

소돔과 고모라는 모두『구약성서』창세기에 나오는 지명이다. 서로 이웃해 있던 이 두 도시는 성적 문란 및 도덕적 퇴폐가 만연했다고 하는데, 요즘 식으로 하면 유흥업소가 난립해 사람들이 흥청망청 먹고 마셔대며 타락의 절정에 치달았던 것 같다.

그 꼴을 보다 못한 하느님께서는 이를 당장에 벌하려 했지만, 아브라함의 간절한 기도를 듣고는 당시 소돔에 거주하던 아브라함의 동생의 아들 롯에게 의로운 사람 다섯 명만 찾아내면 멸망을 보류해주겠다고 약속한다. 하지만 선량한 사람 다섯을 찾기란 쉬운 일이 아니었고 이에 롯과 그의 가족만이 소돔을 탈출하고, 잠시 후 하느님은 하늘에서 유황불을 내려 두 도시를 불바다로 만들었다고 한다.

그런데 대략 이스라엘 사해 남쪽 어딘가로 추정되는 소돔과 고모라의 위치로 볼 때 이 '불바다'의 전설은 나름의 신빙성을 갖는다. 즉 고고학자들 연구에 따르면 일찍이 비옥했던 이 지역에서 기원전 1900년경 엄청난 지진이 발생했을 것이라 하는데, 지진 발생후에는 땅속에 매장되어 있던 것들이 분출되는바, 그곳이 석유매장량이 월등한 곳임을 감안할 때 엄청난 양의 석유와 천연가스가 쏟아져나왔을 것을 추정해볼 수 있다.

그러니까 하느님이 만들었다는 불바다는 실제 지진 후유증이었을 테고, 그때까지 그 사실을 알 수 없던 무지했던 사람들은 도둑이 제 발 저린다고, 지레짐작 천벌을 받은 것으로 생각했을 수 있는 것이다. 사실 그것이 자연현상이든 설사 하느님이 내린 천벌이든 간에 여기서 중요한 것은 소돔과 고모라가 불바다가 된 것을 포함해 모든 인간사는 '뿌린 대로 거둔다'는 이치에서 한 치도 벗어나지 않는다는 것.

아무튼 이렇게 해서 소돔과 고모라는 죄악의 상징처럼 부각되었으니, 현대의 타락한 대도시를 가리키는 대명사로 군림하기에 이른다.

**빛나는 한 줄 어휘**

"그곳 풍경이 흡사 현대판 소돔과 고모라 같아. 곧 멸망할 도시의 음습한 문란함이라니."

# 프랑켄슈타인
## Frankenstein

# 외모가 심성을 덮어버린 비극적 괴물

프랑켄슈타인 하면 떠오르는 모습이 있지 않은가? 각진 얼굴에 실밥 자국 선명한 이마하며 멋대가리 없이 산만한 덩치, 그리고 어딘가 처연한 표정을 하고 있는 괴물. 이것은 1931년판 할리우드 영화 「프랑켄슈타인」에서 이 괴물 역할을 맡은 주연배우 보리스 칼로프의 형상이다. 이 영화의 이미지가 너무 강렬해 그 후로 프랑켄슈타인은 그 모습 그대로 재생산되고 있는데, 이 프랑켄슈타인은 영국의 여성작가 메리 셸리의 과학소설 『프랑켄슈타인 : 현대의 프로메테우스』에 처음 등장한다.

부제에서 말해주듯 인간이 인간과 똑같은 능력을 갖춘 기괴한 형상의 거대한 인조인간을 만듦으로써 발생하는 이야기를 다룬 이 소설은 오늘날 과학소설(SF)의 선구가 된다. 내용인즉 무생물에 생명을 부여할 수 있는 방법을 알아낸 제네바의 물리학자 프랑켄슈타인이 죽은 자의 뼈로 신장 2미터가 넘는 인형을 만들어 생명을 불어넣는 것으로 시작된다. 이 괴물은 드디어 인간 이상의 힘을 발휘하는 존재로 탄생하는데, 추악한 자신의 모습 때문에 괴로워하다 자신을 이렇게 만든 창조주에 대한 증오심으로 프랑켄슈타인의 동생을 죽이게 된다. 그리고 괴물은 프랑켄슈타인에게 자신과 함께 살 여자를 만들어달라고 요구하지만 이 약속이 지켜지지 않자 프랑켄슈타인의 신부까지 죽인다. 이에 화가 난 프랑켄슈타인은 자신이 만든 괴물을 처치하고자 북극까지 쫓아갔다가 탐험대의 배 안에서 비참하게 죽는다. 괴물은 탐험대원을 통해 프랑켄슈타인의 죽음을 확인한 뒤에 스스로 몸을 불태우겠다는 말을 남기고 사라진다.

원작 소설에서 프랑켄슈타인은 괴물이 아니라 괴물을 만든 박사를 말한다. 그런데 영화에서 괴물을 프랑켄슈타인이라고 잘못 부르면서 프랑켄슈타인은 그냥 괴물의 대명사가 되어버렸다. 이 비극적 괴물은 잘 차려 입은 귀족 괴물 드라큘라에 비하면 우악스럽고 촌스런 괴물로 나름 서민적 이미지를 가지며 동정표를 얻는데, 어떻게 보아도 안타까운 괴물이다. 창조주로부터도 버림받은 불쌍한 괴물.

빛나는 한 줄 어휘

"프랑켄슈타인은 시체로 만든 인조인간이고, 좀비는 시체가 다시 부활한 것, 둘은 다르지."

# 유니콘
## Unicorn

## 정결하고 청순한 외뿔 동물

'하나(uni)'의 '뿔(corn)'이라는 뜻의 유니콘은 현실에 실재하는 동물이 아니라 신화 속에 등장하는 상상의 동물이다. 한자어로는 '일각수(一角獸)'라고도 한다. 생김새를 볼 것 같으면, 몸통은 말과 비슷하고 머리는 사슴 혹은 염소와 비슷하며 발은 코끼리를 닮았고 꼬리는 멧돼지를 닮았다고 한다. 그리고 결정적으로 이마에는 길이 45센티가량의 뿔이 하나 있는데 유니콘의 모든 힘은 다 이 뿔에서 나왔다. 밑부분은 흰색, 중간은 검은색, 끝부분은 붉은색으로 얼룩덜룩한 이 뿔은 적을 만나면 칼처럼 자유자재로 움직여 갑옷이나 방패까지도 뚫어버리는 괴력을 발휘한다.

또한 유니콘의 뿔은 해독 능력이 뛰어나 중세 유럽에서는 그 뿔을 물에 담그기만 해도 바다나 호수 전체가 깨끗해진다고 믿었으며, 고대 그리스 문헌에도 그 뿔에 담긴 물을 마시면 복통, 간질 등을 면할 수 있었다고 전한다.

그런데 유니콘은 이 뿔 때문에 워낙이 힘이 세고 행동이 민첩해서 정상적인 방법으로는 도저히 붙잡을 수가 없었다고 한다. 그럼 정상적이지 않은 유니콘 획득 작전이 무엇이었는가 하면 바로 정결한 젊은 여성을 이용하는 것이었다. 유니콘이 젊은 여성을 유난히도 밝혔던 것이다. 정결한 젊은 여성을 유니콘이 자주 출몰하는 숲 속에 모셔놓으면 유니콘이 정결한 여성의 냄새를 맡고 달려와 그녀 무릎 위에 머리를 베고 잠들어버린다. 그때 잡으면 되는 것. 하지만 위험요소가 있으니 혹시라도 여성이 정결치 못하면 잔혹하게도 그 자리에서 그 사나운 뿔로 여성의 배를 뚫어버렸다.

이렇듯 정결함을 좋아했던 유니콘 자신도 정결과 청순을 상징한다. 또한 기독교에서는 유니콘이 예수 그리스도의 생애를 상징한다고 생각했다. 그리스도는 인간을 구원하기 위해 손에 나팔을 들고 성모 마리아 자궁 속에 있었는데 그 나팔이 바로 동물의 뿔이었기 때문이다.

사실상 유니콘은 동서양을 불문하고 흡사한 모습으로 이 신화 저 신화에서 등장한다. 하나의 뿔이 갖는 특이함이 매력적인 동물을 탄생시킨 것이다.

**빛나는 한 줄 어휘**

"신비한 유니콘이 내 무릎에서 잠든 꿈을 꾸었지. 나는 정결의 화신임이 분명해!"

# 묵시록
**Apocalypse**

## 어둡고 불길하고 음울한 미래

왠지 묵중하면서도 섬뜩한 느낌을 주는 말 '묵시록'은 『신약성서』 마지막 권 「요한계시록」에서 비롯된 말이다. 이 「요한계시록」은 그리스도가 가장 사랑하던 제자 요한이 파트모스(밧모)섬에서 전해 받은 다분히 환상적인 계시(啓示)를 적은 것으로 「요한묵시록」이라고도 한다. 계시록이라 함은 신의 계시를 받은 예언서라는 점을 강조한 것이고 묵시록이라 함은 심판의 날에 벌어지는 파괴적이고 혼돈스러운 사건을 강조한 것. '묵시(默示)'의 뜻이 침묵으로 드러낸다는 말인 것이다.

「요한계시록」은 미래에 관한 환상 예언서인지라 신비한 공포심을 유발하는 면이 없지 않은데, 그래서 그런지 심령가나 미신가들이 애용하는 성서이기도 하다.

전체 22장으로 된 「요한계시록」 내용은 기본적으로 예수의 재림과 천국의 도래를 알리는 것이다. 박해를 받을 때의 신앙인의 자세 등 도덕적 내용과 함께 뒷부분으로 가면서는 바빌론(로마)의 함락, 그리스도의 재림, 그리스도의 1000년 통치, 사탄의 결정적 패배, 최후의 심판, 새로운 천지의 출현을 예언하고, 거기에 함께하기 위해서는 소망을 굳건히 하고 모든 괴로움을 극복하라고 타이른다.

그런데 「요한계시록」은 로마 황제 도미티아누스 시대의 박해에 처한 교회에 용기를 불어넣고 고난에 빠진 신도들을 위로하기 위해 쓰인 것으로 미래에 관한 예언서라기보다 당시 로마 상황을 반영한 글이라는 것이 현대 역사가들의 추정이다.

아무튼 묵시록이라 하면 밝고 환한 장밋빛 예언이 아닌 어둡고 음습한, 불길하고 저주스런 예시를 가리킨다. 베트남전을 소재로 한 영화 「지옥의 묵시록」도 그렇고, 최근 선보인 TV 명품다큐 「사하라의 묵시록」도 그렇고, 어쩌다 음악 앨범명에도 등장하는 이 말에는 무겁고 장중한 아우라가 가득한 것이다.

**빛나는 한 줄 어휘**

"희귀새의 멸종은 지구환경에 대한 현대의 묵시록이다."

# 대부
## Godfather

# 선망받는 통 큰 스폰서

'대부' 하면 프랜시스 코폴라 감독의 영화 「대부」가 가장 먼저 떠오른다. 혁신적인 갱영화인 이 작품은 세계적으로 크게 흥행에 성공했으며 한국에서도 많은 관객의 시선을 사로잡았다. 이 영화에서 갱단의 보스, 미국 암흑가의 제1인자인 비토 코를레오네(말론 브랜도)의 대부 역할이 꽤나 인상적인데, 하지만 여기서의 대부는 위엄은 있을지언정 그야말로 깡패두목일 따름이다. 영화 줄거리도 한때 영광 가득했던 대부의 몰락, 필연적 인간의 한계 앞에서 고민하다가 죽어가는 어느 보스의 사연 많은 인생 이야기였던 것. 대부는 원래 가톨릭에서 출생한 말이다. 대부의 영어명을 보면 'God'이 있지 않은가. 가톨릭에서는 아기가 세례 받을 때 대부나 대모를 정해 신앙서약을 한다. 만약의 경우 친부모가 아기의 신앙을 지켜줄 수 없을 때 대부모가 이를 대신 승계하도록 의무조항을 만들어둔 것이다. 여기서 대부모의 공식명칭이 스폰서다. 그런데 이렇게 대리한다는 뜻을 갖는 대부가 종교 밖으로 퍼져나와 일반인들 사이에서 대부는 후원자, 뒤를 봐주는 사람, 든든한 백의 의

미로 사용된다. 그리고 급기야 깡패두목, 보스의 뜻까지 갖게 된 것이다. 미국에서는 직장상사를 '보스'로 통칭해서 보스란 말은 그저 상사란 의미일 뿐인데 우리말 보스의 뉘앙스는 어둡기가 그지없다. 이와 비슷한 경우로 프랑스의 '마담' 경칭도 프랑스에서는 단순한 호칭인 것이 우리말에서는 유흥가 용어처럼 사용되고 있다.

아무튼 '암흑가의 대부' '부동산 대모' 등 현재 대부 대모의 이미지는 본래의 경건한 이미지를 완전 탈피하고 '큰손'의 이미지, 권력과 재력의 소유자로 더욱 널리 쓰인다.

말이란 것은 아무리 출신성분이 좋다 해도 환경을 어떻게 만나느냐에 따라 대접이 천차만별로 달라지는 법. 좋은 환경에서는 좋은 말이 나쁜 환경에서는 나쁜 말이 득세하는 것은 너무 당연한 현상 아니겠는지.

**빛나는 한 줄 어휘**

"알고 봤더니 그 친구 그 계통에서 대부로 통하더군. 모르는 사람이 없던데."

# 노아의 방주
## Noah's Ark

## 엄청난 형벌과 멋진 은신처의 상징

구약성서 창세기에 나오는 '노아의 방주' 이야기는 창조주의 형벌과 심판 그리고 구원 등을 담은 인간역정 드라마다. 성서 속에서 인간을 창조한 하느님은 자신의 창조물이 자신이 창조한 뜻과 다르게 형편없는 삶을 살고 있으면 대단히 흥분하셨으니, 퇴폐의 도시 소돔과 고모라에는 불로 벌하시더니 이번에는 물로 인간을 벌하신다.

그러니까 인간 세상이 갈수록 혼란스럽고 질서가 없어지자 하느님은 이 세상을 홍수로써 정화하기로 마음먹는다. 그리고 태초의 인간인 아담의 9대손이자 히브리의 의로운 족장인 노아를 유일한 생존자로 점지하신다. 이에 선택받은 인간 노아는 하느님의 계시를 받고 120년에 걸쳐 길이 300큐빗, 너비 50큐빗, 높이 30큐빗(고대의 1큐빗은 팔꿈치에서 가운뎃손가락 끝까지의 길이로 약 45~46cm를 가리킴), 상중하 3층으로 된 방주를 만든다. 그리고 이 방주에 자신의 가족과 함께 모든 생물의 암컷과 수컷 한 쌍씩을 싣고 대홍수를 견뎌낸다. 흔히 보는 기다란 모양의 배였다면 아무리 큰 배라 해도 그 많은 생물이 오랜 시간을 버티기에는 불안정했을 텐데 노아의 방주는 사각형의 네모상자 모양으로 안정감을 주는 터라 감옥의 느낌은 덜했을 것이다.

그렇게 견뎌내기를 어언 150일이 지난 어느 날, 육지를 찾기 위해 날려보낸 비둘기가 올리브잎을 물고 오자 그제서야 노아는 이 길고 긴 형벌이 끝났음을 알게 된다. 이로써 지금까지도 올리브잎을 물고 있는 기특한 비둘기는 평화의 상징으로 여겨진다.

노아라는 말은 히브리어로 '휴식'이라는 뜻이고, 노아는 신앙의 모범, 방주는 신앙인의 단체인 교회, 대홍수는 하느님의 심판을 상징하며 기독교 예술의 소재로 많이 다루어진다.

그런데 우습게도 이 노아의 방주의 현실성에 대해 따지고 캐묻는 사람들이 많다. 그것이 실재 존재했던 것으로 간주하며 방주에 탄 생물 중에 물고기가 있냐 없냐, 그 많은 생물이 동시에 무얼 먹고 살 수 있는 거냐 등등. 그렇지만 이건 인간 삶에 경각심을 주는 하나의 멋진 비유로 보는 것이 맞을 것이다.

빛나는 한 줄 어휘

"현대판 노아의 방주라도 준비해야 하나, 세상이 어찌 이리도 어지러운고."

# 바벨탑
## Tower of Babel

# 하늘로 치솟은 탑, 도전인가 갈구인가

문명 발상지의 하나인 메소포타미아 지방에 세워졌다고 전하는 바벨탑은 흔히 사람들의 공상적이고 어리석은 계획이나 혹은 무모하고 방대한 사업을 일컫는 말이다.

『구약성서』 창세기 11장에 이 바벨탑 이야기가 펼쳐진다. 즉 노아의 대홍수가 지나간 후 노아의 후손들이 다시 바빌로니아 땅에 정착하기 시작하면서 이곳 사람들은 도시를 건설하고 꼭대기가 하늘에 닿을 정도로 높은 탑을 세우기로 결정한다. 세계에서 가장 큰 규모의 탑을 쌓아올림으로써 자기들의 이름을 떨치고 홍수와 같은 절대자의 심판을 피하기 위해서였다. 당시 세상 사람들은 모두가 한 가지 말을 쓰는 단일 언어 사용자들로서 함께 모여 살았고, 요즘처럼 영어 한국어 등 언어로 인한 곤란이 없었다.

그런데 하늘까지 닿는 탑이라니, 이것은 하느님이 두고 보기 힘든 문제였다. 화가 난 하느님은 사람들이 쓰는 말을 온통 뒤섞어놓아 서로 알아듣지 못하게 했다. 그리하여 의사소통이 불가능해진 사람들은 제각기 흩어지고 쌓던 바벨탑은 마침내 무너져버리고 말았다는데.

후세 학자들은 성서에 거론될 정도로 유명한 이 바벨탑의 유적을 찾고자 노력했고, 마침내 20세기 초 독일 발굴단이 옛 바빌론 유적지에서 이 8층탑의 흔적을 발굴했다. 현재 프랑스 루브르 박물관 오리엔트관에 보관되어 있는 이 유물의 흔적(점토판)과 몇 가지 자료를 종합한 결과 바벨탑 건설에는 모두 8500만 개 벽돌이 사용되었으며, 건물 규모는 가로 세로 높이가 약 90미터에 달했다고 한다.

그런데 성서 밖으로 나와 조금 냉정하게 생각해볼 때, 홍수에 휘말리고 작열하는 태양에 시달리는 사람들이 탑을 건설한다는 것은 신에 대한 도전이기보다는 신을 향한 요청이라고 보는 편이 맞는 것 아닐까? 또한 전설상이긴 하지만 오늘날 민족마다 언어가 달라진 이유가 바벨탑 때문이라는 것인데, 이것은 진정 슬픈 일이 아닐 수 없다. 세상 사람들이 모두 하나의 언어를 쓴다면 세상은 훨씬 평화로워지지 않았을까?

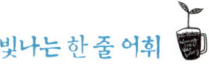

빛나는 한 줄 어휘

"어이구, 바벨탑이나 쌓으시구려, 그런 말도 안 되는 계획이 어디 있는가?"

# 데우스엑스마키나
## Deus Ex Machina

## 꽉 막히고 답답한 문제의 완전 해결사

'데우스엑스마키나'는 라틴어로 '기계에서 나온 신'이란 뜻. 도대체 이 해괴망측한 말의 정체는 무엇일까? 이것은 고대 그리스 연극에서 쓰인 무대 기법 용어다. 그러니까 기중기와 같은 것을 이용해서 갑자기 신이 공중에서 나타나 위급하고 복잡한 사건을 해결하는 수법을 일컫는 말.

한마디로 극중 인간이 해결하기 어려운 문제에 부딪혔을 때 초자연적인 힘을 이용해 극의 긴박한 국면을 타개하고 상황을 결말로 이끌어가는 수법인데, 이를 위해 무대 측면에 설치한 일종의 기중기나 또는 그 변형 물체를 움직여서 여기에 탄 신이 나타나도록 연출한다.

고대 그리스 비극이 한창 상연될 당시에는 무대에 신비한 분위기를 조성하는 것이 대단히 중요한 일로서, 무대에 갑자기 신이 나타나게 하는 연출방법은 관중에게 특별한 효과를 발휘했을 것이다. 당시 이 수법을 작품에서 가장 많이 사용한 사람이 에우리피데스다. 그러자 아리스토텔레스는 그를 비판하며 "이야기의 결말은 어디까지나 이야기 그 자체 안에서 이루어지도록 해야지, 기계 장치 같은 수단에 의지해서는 안 된다"고 꼬집었다.

지금도 막장 드라마라 불리는 드라마에서는 줄곧 진행되던 내용에서 논리적으로 연결되거나 예고된 바 없이 한 인물이나 사건으로 인해 갑자기 갈등이 해결되어버리는 경우를 자주 보는데, 이러한 '해결사'를 고용하는 것이 고대에는 하나의 유행이었던 듯. 이 수법은 중세 종교극에서 자주 활용되었으며, 그 후 더욱 일반화되어 몰리에르의 「타르튀프」 제5막에서와 같이 단순한 기계적인 시추에이션을 통해 모든 상황을 일거에 마무리짓는, 지극히 통속적인 연출기법이 되었다.

하지만 기적이 잦으면 아무런 감흥이 생기지 않는 법이다. 어떻게 허구한 날 강림하시는 신이 위대할 수 있겠는가. 현대로 오면서 이러한 해결사는 점차 사라졌으니, 복잡한 갈등구조는 해결사의 손이 아닌 그것을 만든 인물의 고뇌와 지혜로써 풀어나가는 것이 순리일 듯.

빛나는 한 줄 어휘

"데우스엑스마키나를 현대적으로 가장 잘 활용하는 감독은 우디 앨런 아닐까?"

# 지킬박사와 하이드씨
## Dr. Jekyll and Mr. Hyde

# 인간 본성에 관한 적나라한 은유

한때 '내 안엔 내가 너무도 많아' 힘들다는 노래가사가 유행한 적
도 있었는데, 나도 어쩔 수 없는 내 안의 '나'란 것이 진짜 있는 걸
까? 어떤 의미로든 있긴 할 듯. 한 인간 속에 공존하는 선과 악을
대표하는 말이 바로 지킬박사와 하이드씨다. 1886년 간행된 영국
작가 로버트 스티븐슨의 소설 『지킬박사와 하이드씨의 이상한 사
건』에 등장하는 이 이름은 바로 한 사람의 두 인격을 지칭하는 것.
풍부한 학식에 자비심까지 갖춘 지킬박사는 선과 악이라는 인간
성품을 약품으로도 만들어낼 수 있지 않을까 생각하고는 연구 개
발한 끝에 드디어 그 약품을 만들어내고 직접 복용하게 되는데,
그 결과 그 자신이 악성을 지닌 추악한 하이드로 변신하게 된다.
실험정신 가득한 지킬박사는 약물을 계속 복용해 낮에는 지킬, 밤
에는 하이드로 사는 생활을 반복한다. 그러다보니 점차 내면의 악
이 선을 이기게 되고, 급기야 약을 먹지 않아도 하이드로 변신해
더 이상 지킬박사로 되돌아갈 수 없는 상황에 이르고야 만다. 마
침내 하이드는 살인까지 저지르고 경찰에게 쫓기게 되는데, 하

이드 속에서 순간순간 살아 나는 지킬의 본 성이 그를 괴롭 히다 체포되려는 순간 자살로 생을 마 감한다는 것이 소설 내용이다.

인간 본성의 이중성을 적나라하게 묘사한 이 소설은 '빅토리아 시 대에 관한 최고의 안내서 중 하나'라는 평을 받기도 한다. 겉으로 는 체면을 차리면서도 속으로는 욕정으로 가득한 19세기의 사회 적 위선을 제대로 반영했다는 것이 그 이유다. 이후 이 소설은 수 많은 연극과 영화 작품으로도 각색되어 인기를 끌었는데, 가장 유 명한 주인공 캐릭터의 현대적 변용은 만화책 주인공인 '헐크'다. 조신한 과학자가 분노나 공포와 같은 격렬한 정신적 스트레스를 겪으면 일순간 옷이 찢어지는 변신 과정을 거쳐 완전히 다른 개체 로 돌변한다는 이야기 속 헐크 또한 인간의 또 다른 자아를 표현 한 것이다. 결국 선한 인간, 악한 인간이란 애초에 따로따로 존재 하는 것이 아니라 한 인간 속에 공존한다는 것, 인간의 본래적인 양면성을 슬프게 강변하는 것이 지킬박사와 하이드씨다.

**빛나는 한 줄 어휘**

"지킬박사와 하이드는 괜한 공포물이 아니야, 우리 삶의 실제 이야기라고."

# 베아트리체
## Beatrice

## 단테의 여인, 만인의 연인

"베아트리체, 그녀를 처음 만난 그 순간부터 사랑이 내 영혼을 압도했네." 그야말로 정신을 압도하는 사랑의 대상 베아트리체. 이탈리아의 위대한 시인 단테는 겨우 아홉 살 나이에 자신보다 한 살 아래인 베아트리체를 만나 첫눈에 반해버린다. 그리고 9년 후 우연히 길에서 다시 만나게 되면서 다짐한다. 평생을 바쳐 자신의 이 애끓는 사랑을 증명할 것을.

물론 두 사람은 통속적 연애관계에 들어가지는 않고, 각자 다른 사람과 결혼한다. 베아트리체는 피렌체 귀족의 딸인 베아트리체 포르티나리라는 것이 정설로 되어 있는데 이 여인은 시모네 데 바르디와 결혼했다가 1290년 24세의 나이로 요절한다. 이 소식을 전해들은 단테는 자신의 글에서 "베아트리체에게 아직까지 어떤 여성도 받지 못했던 찬사를 바치기 전까지는 아무것도 쓰지 않으리라." 하고 굳게 맹세하고는 만년의 대작 『신곡』에서 자신의 약속을 지킨다. 단테의 『신곡』에서 베아트리체는 단테의 성스런 인도자로 출현한다. 「지옥편」에서는 그의 중재자가 되고 「연옥편」에서는 그가 닿고자 하는 목표가 되며 「천국편」에서는 그를 이끌어주는 안내자로 등장하는 것이다. 단테의 종교와 정치사상을 집대성한 신성한 희곡, 무려 20년이란 집필기간을 기친 이 방대한 작품 『신곡』의 결말은 단테가 완전히 영적인 존재에 몰입하는 것으로 끝난다.

단테의 환상 속의 여인 베아트리체는 이후 노랫말을 비롯한 여러 문학작품에서 정신적 사랑의 대상이 되는 아름다운 여성을 일컫는 대명사로 사용된다. 왠지 순결하고 고결한 신비의 여인으로.

'스탕달신드롬'이란 것이 있다. 뛰어난 미술품이나 예술작품을 보았을 때 순간적으로 느끼는 황홀경을 뜻하는 이 말은 실제 스탕달이 「베아트리체 첸치」라는 미술 작품을 보고 이런 느낌을 경험한 데서 유래한 말인데, 여기서 베아트리체는 단테의 베아트리체하고는 다른 인물이다. 오해 없으시길.

빛나는 한 줄 어휘

"많은 예술가들에게 절실히 필요한 것이 영감을 가져다주는
자신만의 베아트리체일 거야."

# 돈키호테
## Don Quixote

## 물불 안 가리는 인간형의 대표주자

'돈키호테식 열정'이란 말을 많이 쓴다. 말보다 행동이 앞서는 무모한 투지를 가리키는 말이다. 17세기 스페인 소설가 세르반테스의 풍자소설 속 주인공 돈키호테. 돈키호테야말로 문학이 창조해 낸 위대한 인물전형이라 할 것이다.

소설 돈키호테의 원제는 『재기발랄한 향사(鄕士) 돈키호테 데 라만차』다. 작가 자신이 작품 의도를 "당시 항간에 풍미하던 기사도 이야기의 권위와 인기를 타도하기 위해서"라고 했듯이 이 작품은 당시 스페인을 휩쓸던 기사 소설에 반기를 들고자 쓴 소설이다. 그러나 감흥이 솟는 대로 써나가다 보니 작가는 어느새 처음 의도한 바와 다르게 주인공 돈키호테와 그의 부하 산초의 성격을 창조하는 새로운 주제에 열중해 인생 전체를 포괄하는 대작을 생산하기에 이른다.

진정으로 '인간'을 그린 최초, 최고의 소설이라는 격찬을 받는 이 책의 줄거리는 과대망상에 빠진 주인공 돈키호테가 부하 산초 판사를 데리고 기사 수업에 나서서 여러 가지 익살스러운 일을 저지르며 겪는 모험담이다. 녹슨 투구와 갑옷, 낡은 창과 방패로 무장하고 세상의 '악'을 처단하고자 몸소 기사로 나서는 돈키호테의 출정은 모두 세 번. 첫 출정은 홀로, 두 번째 출정부터 우직한 농부 산초를 설득해 데리고 나선다. 여기서 대단히 현실적인 안목을 가진 부하 산초와 허풍쟁이 이상주의자 돈키호테가 사사건건 벌이는 충돌이 웃기고도 우울하기 그지없다. 그중 압권이 풍차사건, 들판의 풍차를 거인으로 착각하고 달려드는 돈키호테, 이를 말리는 산초의 모습이라니. 이는 세상을 대하는 인간의 두 가지 시선을 정묘하게 그려낸 기막힌 현실풍자다. 그리고 마지막 출정에 나선 돈키호테는 마침내 백기사와의 결투에서 지고 귀향길에 올라 기사 편력을 마감하는데.

좋게 보면 이상주의자, 나쁘게 평하면 공상가 캐릭터인 돈키호테는 무모할 정도로 저돌적인 인간형을 대표한다. 그러나 그 인간형이 현재 우리에게 시사하는 바는 바로 휴머니즘이다. 돈키호테에게는 일면 독불장군 같은 고집이 느껴지지만 그에겐 미워할 수 없는 인간적 매력이 넘치는 것이다.

빛나는 한 줄 어휘

"그렇게 우물쭈물하기보다 돈키호테처럼 일단 행동으로 보여주는 게 옳지 않을까?"

# 햄릿
## Hamlet

## 고민이 너무 많아 괴로운 인생이여

"사느냐 죽느냐, 그것이 문제로다." 철저히 비극적 상황에 내던져
진 인물이 읊조리듯 한탄하는 이 말, 너무도 유명한 햄릿의 명대
사다. 『오셀로』 『리어왕』 『맥베스』와 더불어 셰익스피어 4대 비극
의 하나인 『햄릿』은 고뇌의 화신과도 같은 주인공 햄릿이 끊임없
이 심사숙고하는 장면을 보여주면서 급기야 햄릿형 인간을 창조
해낸다. 그러니까 햄릿형 인간이란 매사에 신중함을 넘어선 우유
부단함으로 갈팡질팡 망설이기만 하는 인간을 가리키는 것. 머릿
속 생각만 지나치게 복잡하고 실제 행동은 따르지 않는 사람, 돈
키호테와는 정반대의 인물이다.

햄릿은 왜 이런 인물이 되었을까? 작품 속 햄릿은 덴마크 왕자다.
아버지는 억울하게 숙부 손에 죽고 어머니 거트루드는 숙부 클로
디어스와 바로 재혼한 상황에서 아버지는 망령으로 나타나 원수
를 갚아달라 하는데, 햄릿은 타고난 우유부단함으로 복수를 망설
이다 일단 거짓으로 미친 체한다. 그리고 진실을 알고자 국왕 살
해를 주제로 한 연극을 해 보이고 이때 드디어 확신을 갖고 숙부

인 왕을 죽이려 하나 사랑하는 여인 오필리어의 아버지를 죽이는 실수를 저지르고, 그 오필리어는 미치고, 결국 왕과 왕비, 햄릿이 모두 죽는 비극적 결말로 이야기는 막을 내린다.

햄릿은 한마디로 심리상태가 매우 복잡한 인간이다. 이 햄릿을 해석하는 이론 또한 부지기수인데, 가장 일반적인 것이 햄릿을 반성 과잉의 지식인, 행동적이기보다는 망상적인 우울증의 성격으로 보는 19세기 낭만적 비평가들의 비평이다. 그리고 햄릿의 우유부단함은 오이디푸스 콤플렉스의 소산이라는 프로이트식 해석도 있고, 햄릿을 죽음의 사자(使者)로 보는 해석이 있는가 하면, 관점을 달리해서 그를 생명의 이미지라고 주장하는 상징주의 해석까지도 있다. 아무튼 그렇지 않아도 복잡한 세상, '생각 버리기'가 대세인 요즘 이렇게 머릿속 복잡한 인간보다는 단순하고 솔직한 돈키호테형 인간이 더 호감형인 것은 분명하다. 물론 타인의 취향을 뭐라 할 수는 없지만.

**빛나는 한 줄 어휘**

"무슨 햄릿이라도 된다고 그런 비극적 표정에 고뇌의 말투까지, 너 좀 이상한걸."

# 미운 오리 새끼
## Ugly Duckling

# 저 골칫덩이 실체가 빛나는 보석?

누군가로부터 '너 진짜 미운 오리 새끼잖아'라는 말을 듣는다면 기분이 좋아야 하나 말아야 하나? 이때는 미운 짓만 골라 하니 '네가 진짜 미워 죽겠음'이라는 부정적인 뜻으로 하는 말일 테니 기분이 나빠야 하고 엔간하면 반성해야 하는 게 맞다. 하지만 원래 미운 오리 새끼는 이렇듯 말썽꾸러기나 골칫거리를 뜻하는 말이 아닌 그야말로 '숨겨진 보석'을 가리키는 말.

미운 오리 새끼는 덴마크 작가 안데르센 동화책 속 주인공이다. 유난히 크고 보기 싫게 태어난 한 마리 오리 새끼는 다른 형제 오리들에게 온갖 구박과 설움을 당하다 마침내 키워주던 농가를 뛰쳐나오지만 숲속의 작은 새들도 상대해주지를 않고, 어느 할머니네 집에 들어가 살아보지만 그 집에서도 고양이와 닭이 못살게 구는 바람에 또다시 거리를 방황하는 신세가 된다. 자신의 처지를 비관하면서도 얼음으로 뒤덮인 고생스러운 겨울을 용하게도 잘 견디고 어느덧 봄이 왔을 때 오리 새끼는 자기도 모르게 공중을 날게 되는데, 사실 오리 새끼는 어엿한 백조의 새끼였던 것이었으니.

자신이 처한 괴롭고 슬픈 시절을 꿋꿋이 견뎌내면 반드시 행복은 찾아온다는 이 따뜻한 이야기 속 미운 오리 새끼는 모두에게 '나도 백조'가 될 수 있다는 희망을 준다. 그러니까 작가는 설사 평생 백조임이 밝혀지지 않을지라도 스스로만이라도 '나는 백조'라고 생각하며 살라는 인생격려 메시지를 보낸 셈인데, 안데르센과 동시대 철학자 키르케고르는 안데르센의 자전 동화 「미운 오리 새끼」를 거꾸로 뒤집어놓은 것 같은 우화 「기러기」를 발표했다. 날수 있는 기러기가 날지 못하는 거위들을 날게 해주려고 도우려 하지만 결국 거위들에게 바보 공상가라는 비난만 듣고, 거위들의 힐책 앞에 기러기는 의기소침해져 자신 또한 날지 못하는 거위처럼 돼버린다는 이야기.

그러니까 키르케고르는 당시 교회의 권위에 맞서 스스로 거위가 되지 않으려 경계한 것이고, 안데르센은 사람들이 자신의 작품세계를 알아주지 않더라도 자신이 백조임을 잊지 않으려 스스로를 격려한 것이다.

빛나는 한 줄 어휘

"멋진 꼴찌들의 반란, 위대한 미운오리새끼들의 향연이라고 들어나봤나?"

# 드라큘라
## Dracula

# 귀족 분장을 한 상상의 흡혈괴물

밤에 무덤에서 나와 살아 있는 사람의 피를 빨아먹는다는 악귀를 일컫는 흡혈귀, 이 흡혈귀의 가장 오래된 원형은 고대그리스 신화에 나오는 라미아(갓난아기를 잡아먹는 괴물)나 하르퓌이아(죽음을 관장하며 여자의 머리와 독수리의 날개를 가진 괴물)이며 흡혈귀 신앙의 중심지는 세르비아 · 체코 · 슬로바키아 · 헝가리 등의 동유럽이다.

이 흡혈귀, 뱀파이어의 대표주자인 드라큘라는 소설 속 가공인물이기 이전에 실제 존재했던 역사 속 인물이다. 즉 실제 드라큘라 백작은 15세기 왈라키아 공국의 영주였던 블라드 체페슈다. 체페슈는 루마니아어로 '꼬챙이'를 뜻하는데 이것은 그가 전쟁 포로나 국내범법자를 긴 꼬챙이를 이용해 잔인한 방법으로 처형한 데서 비롯된 이름이라고 한다. 이처럼 그는 잔혹한 인물로 알려져 있지만 루마니아 역사에서는 오스만투르크제국의 군대를 물리친 용장으로 유명하다. 용장 블라드는 '드라큘'이라는 이름도 가졌는데 이는 '용(Dracul)'이라는 작위를 받은 자신의 아버지를 영광스럽게 생각해 붙인 이름.

이 실제 인물 블라드 체페슈 드라큘라를 모티브로 해서 아일랜드의 흡혈귀 전설과 이전 흡혈귀 작품의 영향을 받아 영국 소설가 브램 스토커가 쓴 소설이 『흡혈귀 드라큘라』이고, 여기서 우리에게 널리 알려진 드라큘라 백작, 귀족적 품위를 갖춘 뱀파이어가 탄생한다.

흡혈귀 소설의 원조가 된 이 소설은 이후 영화·연극·뮤지컬 등으로 각색되어 인기리에 공연되었는데, 1931년 미국의 토드 브라우닝 감독의 영화 「드라큘라」에서 드라큘라 생김새의 전형이 만들어진다. 검은 망토에 올백 머리, 형형한 눈빛에 창백한 안색 등. 많은 작품에서 언제나 사악한 악마로 묘사되던 드라큘라는 1992년 프랜시스 코폴라 감독의 영화에서 처음으로 원작에 가깝게 긍정적이고 동정적인 인물로 묘사된다.

소름끼치는 존재이나 말쑥한 생김새의 고상한 괴물 드라큘라. 오늘날에는 드라큘라와 흡혈귀를 동일시하지만 사실 흡혈귀는 사람 성별을 가리지 않는 반면 드라큘라는 오직 여자의 피만 빨아먹는 성차별적 괴물이다.

빛나는 한 줄 어휘

"네가 드라큘라야? 왜 햇빛도 싫어하고 마늘만 봐도 질색이냐고?"

# 파랑새
## Blue Bird

## 아무리 애써도 잡을 수 없는 새

실제로 존재하는 새인 파랑새가 현실에 존재하지 않는 행복의 상징이 된 건 한 편의 동화 「파랑새」 때문이다. 혹은 덕분일 수도.

1911년 노벨문학상까지 받은 벨기에 작가 마테를링크의 작품 「파랑새」. 주인공 치르치르와 미치르 남매는 크리스마스 전날 꿈을 꾸는데, 느닷없이 요술할머니가 등장하더니 자기의 병든 딸에게 행복을 주기 위해 파랑새를 찾아달라고 부탁한다. 착한 어린 남매는 개·고양이·빛·물·빵·설탕 등의 님프를 데리고 추억의 나라와 미래의 나라 등을 방문해 파랑새를 애타게 찾아보지만 끝내 찾지 못하고 지쳐 돌아온다. 그런데 꿈을 깨고 보니 자신들 집 새장 속 비둘기가 파랗더라는 것. 그러니까 그토록 찾아 헤매던 파랑새는 자기집 새장에 있더라는 이야기. 이것은 행복은 저 멀리 있는 것이 아니라 바로 눈앞에 와 있다는, 진부하지만 참으로 소중한 교훈을 주는 동화다.

그런데 동화 속에서 바로 우리 곁에 있는 행복을 뜻하는 파랑새가 오히려 정반대의 의미로 현실에는 결코 존재하지 않는 것을 상징하는 말로 둔갑했다. 치르치르와 미치르의 꿈속이 실제 현실인 듯 말이다. 오늘날 파랑새는 유토피아처럼 어느 곳에도 없는 무언가가 되어 비현실적이고 공상적인 사람들의 이상향이란 비아냥의 뜻까지 담게 되었다.

이런 비아냥의 일종으로 '파랑새증후군'이란 것도 있다. 현실에 만족하지 못하고 새로운 이상만을 추구하는 병적 증세를 말하는데, '지금 이곳'을 나의 현실로 받아들이지 못하고 장래의 행복만을 몽상하면서 현재의 할 일에 정열을 느끼지 않는 사람들, 그리하여 한 직장에 안주하지 못하고 여기저기 옮겨다니는 사람들의 증세가 바로 파랑새증후군인 것. 이는 주로 어머니의 과잉보호를 받고 자라 정신적인 성장이 더딘 사람에게서 나타나는 증세다. 파랑새증후군은 어른이 되고 싶어하지 않는 피터팬증후군, 노동이나 납세 같은 의무가 없는 청소년기에 머무르려고 하는 모라토리엄 인간과도 일맥상통한다.

빛나는 한 줄 어휘

"끊임없이 로또를 사는 사람들, 기어코 파랑새를 좇는 사람들이지."

# 빅브라더
## Big Brother

## 모든 인간을 향한 절대권력의 눈

나의 하루가 누군가의 치밀하고 계획된 프로그램이라면? 30년간 텔레비전 쇼 프로그램에 노출되어 본의 아니게 전 국민을 대상으로 자신의 모든 일상을 보여주게 된 한 남자를 그린 「트루먼 쇼」라는 영화가 있다. 거대한 돔 안에 인공도시를 짓고 5000대의 카메라를 도시 곳곳에 설치해 한 사람의 생애를 탄생에서부터 30년 동안 매일같이 24시간 생방송으로 보여준다는 독특한 설정을 갖는 이 영화 속에서 미디어는 새로운 권력이자 신으로 그려진다.

이렇듯 거대한 사회권력, 정보 독점으로 사회를 통제하는 관리 권력, 혹은 그러한 사회체계를 일컬어 빅브라더라 한다. 이는 전체주의의 탈을 쓴 실로 무시무시하고 섬뜩한 만형인 셈이다.

이 말은 사회학적 통찰과 풍자로 유명한 영국의 소설가 조지 오웰의 소설 『1984년』에서 비롯된 용어다. 소설은 세계가 세 개의 경찰국가로 나뉘어 통치되는 가상미래공간을 배경으로 하는데, 그중 하나를 지배하는 자가 빅브라더다. 소설 속에서 빅브라더는 텔레스크린을 통해 자신이 통제하는 사회를 끊임없이 감시하는데,

텔레스크린은 심지어는 화장실에까지 설치되어 있어 실로 가공할 만한 사생활 침해를 보여준다.

전체주의적 정신풍토와 절대권력의 위험성을 그린 이 소설에는 영국의 명수상 윈스턴 처칠에서 그 이름을 따온 윈스턴 스미스가 주인공으로 등장한다. 이 주인공은 처음에는 절대권력 빅브라더에게 대항하며 자유와 진실을 추구하지만 호된 고문 끝에 결국 "나는 빅 브라더를 사랑해"라고 고백함으로써 굴복하고야 만다.

이러한 빅브라더는 영화나 소설 속에나 등장하는 매우 비현실적인 존재로 보이지만, 현대사회에서는 실제 위력을 갖는 실체적 존재다. 미국의 경우 9·11테러사건 직후 테러 및 범죄수사에 관한 수사 편의를 위해 시민의 자유권을 제약할 수 있는 애국법까지 발효된 상태인 것. 사회적 환난을 예방한다는 차원에서 정당화될 수도 있는 이 빅브라더는 주로 '국가통제주의'란 뜻으로 사용된다.

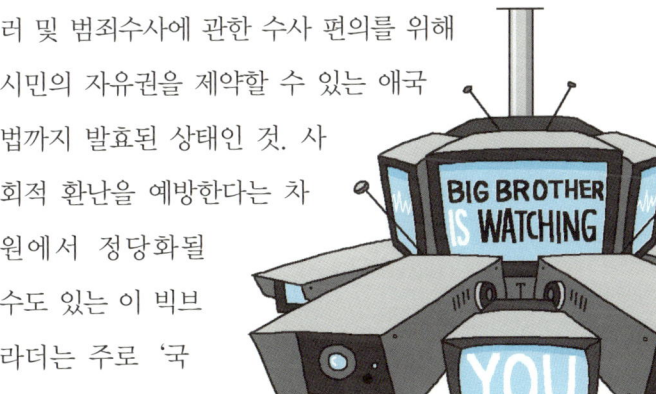

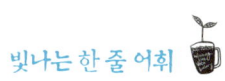
빛나는 한 줄 어휘

"우리 모두를 '잠재적 범죄자'로 의심하는 CCTV는 새로운 빅브라더라 할 수 있다."

# 포르노그래피
## Pornography

## 성에 대한 지극히 은밀한 호기심

에로틱한 심리상태를 만들고 야한 상상력을 불러일으키는 포르노. 이 포르노의 정식명칭이 포르노그래피. 창녀를 뜻하는 그리스어 '포르네'에 쓰거나 기록한다는 뜻이 붙은 단어인데, 어원에서 알 수 있듯 포르노의 역사는 상당히 오래되었다. 고대 그리스 디오니소스 축제 때 불린 노래로까지 거슬러갈 수 있을 정도로.

검열이란 기준에서 서구 포르노의 역사는 19세기 이전과 이후로 크게 나눌 수 있는데, 18세기는 사실상 포르노의 과도기로서 '포르노그래피의 황금시대'로 불릴 정도로 쾌락주의가 유행했다. 사드와 카사노바 등의 문인들은 성(性)의 유토피아를 추구했으니, 포르노그래피의 걸작은 대부분이 이 시대의 것이다. 그러나 사실상 일부 귀족과 부르주아의 전유물이던 포르노가 19세기 들어 중산계급으로까지 퍼지면서 사회문제로 대두하기 시작한다.

결국 고상하기로 유명한 영국 빅토리아왕조 때는 철저한 도덕관을 강조하는데, 오히려 검열의 그늘 아래 포르노는 이때부터 본격적 기세를 떨치기 시작한다. 근대적 의미의 포르노 문학과 포르노

회화가 성행했으니, 양지에서 금할수록 음지에서 번성하는 것이 포르노인 셈.

한국에서의 포르노 또한 오랫동안 음성적으로 존재해왔다. 독자적인 한국 문화를 가미한 야한 소설, 일명 '야설'과 '춘화'도 조선시대부터 역사에 기록되어 있는데, 오히려 개방적이었던 고려시대보다 유교와 선비문화를 강조한 조선시대에 성문화가 더 음성화되고 후퇴한 측면이 있다.

이후 동서양을 불문하고 아예 산업화된 포르노는 20세기를 거쳐 21세기에도 확대일로에 있는데, 현대적 포르노의 특징은 사실상 포르노의 경계가 애매해졌다는 것이다. 위선과 고상한 체하는 내면의 감정을 폭로한 것에 불과할지도 모를 포르노가 인간의 이중성을 파고들며 노골적인 성애 묘사보다는 보다 은밀한 상상력을 자극해 자신의 상품가치를 극대화시키고 있는 것이다.

아무튼 성에 대한 관심은 인간에게 지극히 자연스런 일일진대, 자연스런 것을 부자연스런 것으로 호들갑떠는 것이 진짜 문제는 아닐는지.

빛나는 한 줄 어휘

"포르노는 그저 포르노일 뿐 자꾸 예술로 포장하려드는 게 촌스러운 일 아닐까?"

# 에로스와 타나토스
## Eros and Thanatos

# 살고 싶지만 죽고도 싶은 충동

고대 그리스 신화에서 사랑의 신을 지칭하는 에로스는 일반적으로 '사랑' 그 자체를 뜻한다. '타나토스'는 그리스어로 죽음을 뜻하고. 그러면 에로스와 타나토스는 사랑과 죽음이라는 말인데, 대립항을 이루는 이 두 개의 단어가 무거운 심리학 개념이 된 것은 바로 정신분석을 창시한 프로이트 이론에서다.

프로이트는 인간의 정신적 에너지가 성적 욕구에서 나온다고 보았고 이러한 성적 욕구로 표출되는 에너지를 에로스라고 했다. 에로스는 자기보존 본능과 성적 본능을 합한 삶의 본능인 것. 그런데 프로이트는 후기에 독일 나치의 탄압과 아들들의 전쟁 참여, 딸의 죽음 등의 영향으로 에로스와 정반대 의미를 갖는 타나토스라는 개념을 정립한다. 바로 죽음 충동이다. 에로스가 삶을 지탱하는 활동 에너지 즉 '살고자 하는 욕망'이라면, 타나토스는 파괴적 욕구를 추구하는 소멸 에너지 즉 '죽고자 하는 욕망'인 셈.

삶의 본능 에로스는 생명을 유지 발전시키고 자신과 타인을 사랑하며 한 종족의 번창을 가져오게 하는 반면, 죽음의 본능은 파괴

본능으로서 자신을 끊임없이 괴롭히고 처벌하며 타인이나 환경을 파괴시키려 하고 공격적 행동을 일으킨다. 하지만 우리 안에는 이런 삶의 본능과 죽음의 본능이 함께 존재한다는 것이 프로이트 이론이다.

그런데 살고자 하는 것이 본능인 것은 당연한 일인데 죽고자 하는 것이 어찌 본능이 될 수 있는가? 바그너의 악극 「트리스탄과 이졸데」를 보면 사랑하는 연인 이졸데를 바라보며 기쁨에 찬 트리스탄이 이렇게 노래한다. "사랑의 밤이여, 내가 살아 있다는 것을 잊게 해다오." 사랑의 절정에서는 오히려 죽음이 완전한 쾌락이 된다는 것인데, 이를 이해하기가 쉽지는 않을 듯.

바그너 말고도 수많은 작가들이 자신의 작품 속에서 죽음에 대한 동경, 타나토스를 표현해왔다.

그러니까 에로스는 직접적인 삶의 에너지, 타나토스는 구체적 죽음이 아닌 삶을 떠받치는 또 다른 역설적 에너지라고  보면 된다.

**빛나는 한 줄 어휘**

"삶과 죽음을 아름답게 빛내는 에로스와 타나토스야말로 예술 창조의 원동력이지."

여섯째 어휘군

## '나' 와 '세계' 를
## 성찰하라

Let reflect
yourself
on the World

능력껏 일하고 맘껏 가질 수 있는 아름다운 세상을 위해
자유와 평화의 기치를 가슴에 내걸고 온갖 역경 속으로 행군하라.

## 보이콧
### Boycott

# 모든 악덕을 차단하라!

특정 회사의 제품이나 서비스를 구입하거나 사용하지 않기 위한 행위, 즉 불매동맹을 뜻하는 말로 자주 쓰이는 보이콧. 노동운동과 시민운동의 주요 정치수단으로 활용되는 보이콧은 원래 사람 이름이다. 바로 아일랜드의 악덕 지주.

1880년 아일랜드의 지주였던 보이콧이 소작료를 체납한 소작인들을 자신의 토지에서 추방하려다가 오히려 단합한 전체 소작인들의 배척을 받고 물러나는 일이 생겼다. 보이콧이란 사람은 상당한 악덕 지주였기 때문에 농민들의 배척을 받았을 뿐 아니라 동업자들도 그와는 거래를 하지 않았다고 한다. 이 사건 이후 '보이콧'은 사람 이름을 벗고 비폭력의 위협행위를 뜻하는 새로운 용어로 쓰이게 되었다. 어떤 물건이나 단체에 대해 조직적으로 거래를 끊는 것을 '보이콧한다'는 말로 쓰게 되었고, 국제법상에서는 어떤 나라의 국민이 조직적·집단적으로 특정 국가의 상품을 사지 않거나 거래를 끊는 행위를 뜻하게 되었다. 이로 보면 나쁜 인간 보이콧이 그래도 괜찮은 이미지로 남은 것 같다.

보이콧은 일상용어에서도 집단적인 반대 또는 거부의 뜻으로 많이 사용되는데, 언젠가 국내에서는 어느 유명그룹 음반 보이콧 운동까지 벌어진 적도 있었다. 그 그룹 소속 가수 팬들이 그 가수를 제외하고 녹음한 음반이 발매되자 이를 보이콧함으로써 자신들이 좋아하는 가수가 복귀하도록 압력을 넣은 행위였는데, 이렇듯 보이콧에는 무조건적이지 않은 그 집단의 명백한 거부 이유가 있다. 그러다보니 각 집단의 이해가 반영된 보이콧 운동이 집단이기주의로 비쳐질 수도 있는데, 여기서 중요한 것은 해당 보이콧이 갖는 사회적 가치다. 동물보호집단이 벌이는 모피상품 보이콧 같은 경우 '동물보호'라는 명백한 가치를 주장하는 것이기 때문에 일정 부분 사람들의 공감을 얻을 수 있는 것이다. 사회적 운동이란 개인적인 호오를 떠나 많은 사람의 공감을 이끌어내는 것이 가장 중요하다.

# 사보타주
## Sabotage

## 과격한 정신의 느슨한 의사표현

과연 자본주의 사회에서 노사 갈등은 피할 수도, 없앨 수도 없는 필요악일까? 노동자 측이 사용자 측과 단체교섭을 했으나 요구조건이 관철되지 않을 경우 노동조합 측은 자연 분쟁행위를 일으키는데, 그 행위로는 파업·보이콧·사보타주·피케팅 등 상황에 따라 여러 가지 형태를 보인다. 이중 사보타주는 노동자들의 파괴행위, 생산방해 행위를 뜻한다.

결코 평화적 수단은 아닌 이 과격한 행위는 프랑스에서 비롯된 것이다. 프랑스어 사보는 '나막신'이라는 말인데, 애초에는 이 나막신이 파괴행위의 '진범'이었다. 중세 유럽 농민들이 영주의 부당한 처사에 항의해 수확물을 사보로 짓밟은 데서 이 말이 유래한 것. 이후 때려부수는 것으로 의사표현하는 사보타주는 산업현장에서 유행을 타기 시작했는데, 대표적으로 산업혁명 이후 19세기 초 영국에서 가난한 노동자들이 극심한 빈부격차와 실업난의 이유가 기계 때문이라고 보고 기계를 때려부수는 '러다이트 운동'이 유행하기도 했다. 유럽에서 인기를 끌었던 사보타주는 곧 미국으로 향하고 미국에서는 격렬한 파괴행위인 사보타주가 태만한 업무행위 즉 '태업'으로 순화된다. 노동법상 정식 파업을 할 수 없는 노동자들이 변칙 파업 형태로 태업을 생각해내고 이 태업을 사보타주라 한 것이다.

그래도 미국의 사보타주는 태업보다는 파괴행위라는 원래 뜻이 훨씬 일반적인 데 비해 우리나라로 건너와서는 완전 태업의 의미로 굳어버렸다. 이로써 태업은 파업과는 달리 직장을 이탈하지 않는 대신 불완전노동으로 사용자를 괴롭히는 노동쟁의방식이 되었다. 예를 들어 불완전제품을 만든다든지, 원료·재료를 필요 이상으로 소비한다든지, 노동시간을 충분히 사용하지 않고 헛되이 보낸다든지 해서 사용자에게 손해를 주어 자신들의 요구사항을 관철시키려는 쟁의수단인 것이다.

이 경제용어가 언젠가부터 일상생활에서는 자신의 일을 태만히 하는 것을 총칭하게 되었다. 그러니까 이 책을 꼼꼼히 읽지 않는 것도 일종의 사보타주인 셈.

빛나는 한 줄 어휘

"현재 정치계에서는 '입법 사보타주 중'인 국회의 행태가 논란의 중심이 되고 있다."

# 약한 고리
## Weak Line

## 단단한 와중의 허약한 곳

전술의 기본 중의 기본이라면 그것은 누군가를 공격할 때 상대의 가장 약한 부분을 노리는 것이다. 그래야 쉽게 무너진다. 사슬로 묶인 자전거를 생각해보자. 열쇠가 없을 경우 이 자전거를 어떻게 사슬로부터 끊어내어 탈 수 있을 것인가. 자전거를 감고 있는 사슬 고리를 유심히 살펴 그중 가장 약한 고리를 끊어내면 된다. 녹이 슬었다든지 다른 고리보다 조금 이음새가 헐겁다든지 하는 것을.

신문지상에서 매우 흔하게 비유적으로 사용되는 말 '약한 고리'는 러시아혁명 지도자 블라디미르 레닌이 자주 쓰던 말이다. 그러니까 약한 고리는 혁명 과업을 이루는 과정에서 등장한 실로 거창한 개념이었던 것. 레닌이 누구인가. 마르크스 이론으로부터 자본주의의 필연적 붕괴와 사회주의의 역사적 승리를 확신했던 인물이다. 그는 인류를 구원할 사회주의를 실현시킬 혁명은 러시아라는 약한 고리에서 출발해야 한다고 생각했다. 그가 설정한 사슬은 자본주의 최후의 형태인 제국주의라는 강고한 사슬이고, 그 사슬 안에서 가장 약한 고리는 후발 자본주의 국가의 체제 모순이었던 것. 따라서 그 약한 고리를 건드려 폭발시킴으로써 제국주의라는 사슬이 끊어질 것으로 본 것이다.

이렇듯 역사적 혁명의 전술 개념이었던 약한 고리는 이제 혁명까지는 아니더라도 나름의 치밀한 분석 결과로 나타나는 '약점'의 뜻을 갖게 되었다. 그리하여 정치 · 경제 · 스포츠 등 각 분야 생존경쟁에서 각 도전자들은 상대의 약한 고리를 성실하게 파악하고는 그것을 뚫어내고, 물고 늘어지고, 흔들어대는 전략적 싸움을 벌이는 것이다. 이때 기억해야 할 것은 '약한 고리'는 분명한 실천 행위를 담보하는 역동적 개념이라는 것.

누구에게나 어딘가에는 있을 수밖에 없는 약한 고리, 그것은 나에겐 치명적 약점이지만 상대에겐 절호의 기회가 되는 것. 사슬을 끊으면 승리가 오는 것이다.

빛나는 한 줄 어휘

"현재 미국 오바마 행정부는 북한의 권력승계라는 약한 고리를 더욱 주목하고 있다."

# 마지노선
## Maginot Line

# 무너질 수밖에 없는 완벽함

'최후의 방어선' '넘어서는 안 되는 선' '넘지 못하는 선', 이러한 뜻을 갖는 마지노선은 최후의 보루가 무너지는 상황에서 사용하는 말이다. 그렇다면 여기서 마지노는 누구이며 이 선은 무슨 선을 말하는 것일까? 마지노는 프랑스 육군 장관의 이름, 이 선은 프랑스 국경 요새를 뜻하는 것이다.

1차 세계대전 당시 독일에게 막대한 피해를 본 프랑스는 앙드레 마지노의 강력한 건의 아래 1927년 국경 요새를 짓기로 결정한다. 이렇게 해서 총연장은 약 750킬로, 북서부 벨기에 국경에서 남동부 스위스의 국경까지 이르고, 중심부는 독일과 프랑스의 국경을 따라 이어진 영구 요새선이 구축된다. 요새를 선 모양으로 연결한 요새의 집합체 마지노선은 공사 기간만 10년, 총공사비는 160억 프랑이 든 대공사로, 당시 축성기술의 정수를 모아 완전한 지하설비와 대전차 방어시설을 갖추어 난공불락의 요새로 건립되었다. 막상 마지노는 완공을 못 보고 사망했지만.

그런데 2차 세계대전이 본격화한 1940년 5월 독일 기갑병단의 기습과 전격작전으로 그처럼 공을 들이고 기대했던 마지노선은 충분한 가치를 발휘하지도 못하고 벨기에 방면의 일각이 돌파당해 함락되고 말았다. 덜렁 요새만 완벽하고 주변 조건이 완벽하지 못했던 탓이다. 독일과의 국경만 철통같이 지키면 된다고 생각한 프랑스는 독일에게 완전 뒤통수 맞은 격인데, 이로써 프랑스는 히틀러 손아귀에 넘어가고 이 강고한 방어선은 '무너지지는 않은 채' 단순한 관광지로 전락한다.

이렇게 해서 마지노선은 강력한 최후의 보루이나 결국 무너지고 마는 보루라는 의미로 사용되며, 여기서는 믿는 도끼에 발등 찍히는 격의 참담함을 느낄 수 있다.

믿었던 선수가 출전하는 경기에서 그 선수의 성적이 부진했을 때, 당연히 기대했던 시험성적이 예상 밖으로 저조하게 나왔을 때 등 꼭 될 거라 장담했던 일이 성사되지 않았을 때, 마지노선은 한숨 속에 등장하는 표현인 것이다. "마지노선이 무너졌노라"고.

**빛나는 한 줄 어휘**

"지구 환경의 마지노선이 곧 붕괴하지 않을까 하는 우려가 심각한 상황이다."

마피아
**Mafia**

# 어둠의 파워를 갖는 비밀범죄조직

마피아 하면 떠오르는 것은? 갱스터, 비밀, 폭력, 범죄, 대부 등등 뭔가 어둡고 무서운 세계가 그려진다. 그런데 마피아라는 말의 어원은 '아름다움' '자랑'이라고 하니 아무래도 지나친 아름다움과 자랑이 문제가 된 듯하다.

사실상 영화 소재로 더 유명한 마피아, 조직범죄의 대명사가 된 이 말은 이탈리아 시칠리아섬에서 기원한 범죄조직을 일컫는 말로 시칠리아적 범죄조직의 별칭이기도 하다. 그럼 무엇이 시칠리아적이란 말일까? 그들만의 독특한 위계질서, 즉 패밀리적 특성이 그것이다.

역사상 외부인과 낯선 사람들을 모두 불신하는 풍조를 갖게 된 시칠리아 사람들은 법보다 가족과 친척의 힘을 더 믿었는데, 이들은 스스로를 지키고 외부 세력에 대항하고자 비밀결사조직을 만들게 된다. 중세 말기부터 세력을 갖게 된 이 조직은 불법 탈법적으로 시칠리아 경제권을 쥐면서 정치적 폭력까지 행사하게 되며, 이후 마피아는 이탈리아에 그림자처럼 군림하는 거대한 경제조직으로 성장하는 등 국제적으로도 최고의 힘을 유지한다.

이들 마피아가 19세기 말부터 20세기 초에 미국으로 건너가 거대한 범죄조직을 형성한다. 뉴욕이나 시카고 같은 대도시마다 한 패밀리씩 구역을 정해 각종 이권 사업에 간여하는 이들 마피아를 소탕하느라 미국 경찰은 꽤나 골머리를 썩었는데, 현재 미국 내 마피아 조직은 거의 사라졌다고 하지만 불법거래의 핵인 마약거래가 근절되지 않는 이상 마피아 없는 세상은 요원한 일이 될 수도 있다.

아무튼 마피아는 비밀스런 위계질서를 가진 폭력범죄조직을 일컫는 말로 쓰이며, 정치테러조직을 뜻하기도 하고 때로는 범죄정신을 표현하는 말이 되기도 한다. 여기에서 확장된 뜻으로 현재 '통화마피아'라고 하면 주요국의 재무장관이나 차관, 중앙은행 총재 등 통화당국자를 가리키는 말로 쓰이며, '맥마피아'라고 하면 전세계 어느 곳에나 진출해 있는 맥도날드 체인점처럼 세계 어디에나 침투해 있는 글로벌 범죄조직들을 일컫는다.

빛나는 한 줄 어휘

"일본 원전 사고로 세계를 장악한 원자력 마피아의 실체가 드러났다."

# 백서
## White Paper

# 사실만을 담고자 노력하는 보고서

우리에겐 색에 대한 선입견이 있다. 대표적으로 흰색 하면 순결 · 평화를 떠올리고, 검은색 하면 비리 · 음모를 떠올리지 않는가. 그렇다면 하얀 종이 '백서(白書)'는 깨끗한 무엇을 말하는 걸까?

백서는 원래 영국 정부의 공식보고서를 가리키는 말이다. 영국 정부가 만들어 의회에 제출한 보고서 표지가 하얀색이었던 데서 비롯된 말인 것. 이 하얀색 표지의 보고서가 근사해 보였는지 다른 나라들 역시 공식문서의 명칭으로 이 백서를 선호하게 되었다. 그리고 최근에는 정부 보고서뿐만 아니라 기업이나 연구소 등이 특정 주제에 대해 연구 조사한 결과를 정리해 발표하는 문서에도 백서라는 명칭을 붙인다. 따라서 백서는 보다 넓은 의미로 종합적인 조사 보고서라는 의미를 갖게 되었다.

경제백서, 환경백서, 국방백서 등 정부 각부가 소관사항에 대해 제출하는 공식 보고서뿐만 아니라 인권탄압백서, 부부생활백서 등 온갖 비공식 책자에도 두루 사용되는 백서. 과연 이들 백서는 그 말이 갖는 깨끗한 이미지만큼 그 안에 담은 내용 또한 깨끗하고 진실된 것일까? 아무래도 백서는 그 제목 덕분에 사실만이 기록되어 있을 거란 선입견을 주긴 한다.

백서와 비슷한 말로는 '청서(blue paper)'도 있는데, 이는 영국의 정부가 아닌 의회가 특정한 주제에 대해 조사한 결과를 정리해 보고하는 문서를 가리킨다. 물론 그 표지가 푸른색이다. 또 런던에서 매년 개정 간행되는 영어권 명사들 인명록도 청서라 하고 이것이 미국에서는 자동차 도로 안내서를 가리키기도 한다.

그렇다면 흰색과 청색 외의 다른 색도 대표하는 책이 있을까? 미국에서 옐로 페이지라고 하면 직업별 전화번호부를 가리킨다. 그리고 우리나라에서는 외설서적을 빨간책이라 속칭하는데, 때로 이 빨간책은 불온서적을 은유하기도 한다.

빛나는 한 줄 어휘

"시크한 직장인의 생활백서 좀 읽어보고 너만의 생활백서를 만들어볼래?"

# 아방가르드
## Avant-garde

## 내일을 빛내는 진정한 창조성

프랑스어 아방가르드는 원래 군사용어다. 전투할 때 선두에 서서 돌진하는 부대를 뜻하는 말. 이것이 19세기 초 계급투쟁의 선봉에 선 정당과 당원을 가리키다가, 19세기 중반부터 혁명적 예술경향이나 그 운동을 뜻하는 예술용어로 정착되었다. 그러니까 아방가르드란 인습적인 권위와 전통에 반항해 혁명적인 예술 정신의 기치를 내걸고 행동하는 예술운동을 일컫는다.

이때 아방가르드는 어떤 특정 주의나 형식을 가리키지는 않고 기본적으로는 기존의 것을 거부하면서도 새로운 형식을 추구하는 실험성을 지닌 신세대적 예술운동 전반을 지칭한다. 특히 미술에서는 제1차 세계대전 후의 입체파, 표현파, 다다이즘, 추상파, 초현실주의

이것이 바로 진정한 '아방가르드' 패션이다!!

등의 혁신적인 예술을 통틀어 일컫기도 한다.

이러한 아방가르드 예술은 왜 등장했을까? 여기에는 기계 문명의 발달, 무의식 세계의 규명, 원시예술의 발굴, 사회의식 확대 등 여러 요인이 있겠으나 이것 자체를 예술가 본연의 의무로 볼 수도 있겠다. 칸딘스키는 자신의 책에서 '정신의 3각형'이라는 비유를 사용했는데, 시대의 정신생활이 형성하는 3각형 속의 저변에는 광범위한 대중이 있고, 정점에는 고독하고 이해받지 못하는 예술가가 있다는 것. 그런데 이 3각형 전체가 내일을 향해 앞으로, 위로 조금씩 움직이고 있으니, 오늘은 고독한 정점에 선 예술가일지라도 그의 예술적 예감은 차츰 지식인의 관심사가 되고 결국 대중의 취미를 지배하게 된다는 것이다.

이렇게 아방가르드는 전위적이고 실험적인 예술형식을 시도하는 운동을 총칭하는 일반명사가 되었고, 현재는 예술을 비롯한 각 분야에서 일어나는 일종의 첨단적인 경향을 뜻하게 되었다.

하지만 무조건적인 거부, 저 혼자 잘난 첨단이 횡행하는 요즈음, 시대의 전위로서 아방가르드가 그 본연의 임무를 수행하려면 그 분야가 어디이건 그 형태가 어떠하든 내일을 빛내는 진정한 창조성을 그 안에 품고 있어야 할 것이다. 그래야 진정한 아방가르드라 할 수 있는 것이다.

**빛나는 한 줄 어휘**

"자네의 이번 작품은 진정한 아방가르드 정신이 느껴지는 걸작이었어."

# 괴뢰정권
## Puppet Government

## '당신 뜻대로' 를 외치는 꼭두각시 정권

'무찌르자 공산당, 쳐부수자 괴뢰정권', 이것은 사뭇 엄혹했던 냉전의 시대 한국사회에서 유행하던 말이다. 물론 여기서 공산당, 괴뢰정권은 북한을 일컫던 증오의 표현이다. 그럼 괴뢰는 무슨 뜻일까? 바로 꼭두각시의 뜻. 그러니까 괴뢰정권은 자주적 주체성 없이 다른 나라의 지령을 받아 그 나라가 조종하는 대로 움직이는 꼭두각시 정권을 가리키며, 그러한 상황에 있는 정권의 정통성을 부정하고 조롱하는 표현이다.

우리가 북한 정권을 괴뢰정권이라 부른 것은 북한이 소련의 꼭두각시라는 뜻에서 지칭한 것이다. 그런데 북한 역시 우리를 미국의 앞잡이라는 뜻에서 남조선 괴뢰라고 불렀다. 하지만 엄밀한 의미에서 북한도 남한도 괴뢰정권이 아니다. 사실상 어느 정권이 괴뢰정권인지를 평가할 때는 필연적으로 가치 판단이 따른다. 특히 한 나라에 외세가 개입해 만들어진 여러 개의 정권이 존재하는 경우 서로 상대 정권을 그 후원자 국가의 괴뢰정권이라고 비난하는 경우가 많다.

본래 괴뢰정권은 식민지적 지배나 제국주의적 침략을 위장하기 위해 성립된 것으로, 대표적 예가 2차 세계대전 중 독일 점령하에 있었던 프랑스 비시정권이다. 대외적으로는 프랑스가 여전히 독립국가인 것처럼 보였으나 당시 프랑스 정권은 그야말로 꼭두각시였을 뿐, 독일은 프랑스 수도마저 독일 맘대로 '비시'로 바꾸고 정부 인사들을 친나치적 성향의 사람들로 가득 채웠다.

물론 종전 후 이 프랑스 매국노 괴뢰들은 엄중하고도 끈질긴 처벌을 받는다. 우리나라가 친일 잔재를 청산하지 못한 것과는 완전 딴판인 것. 그러면 일제 강점하 조선총독부도 괴뢰정권일까? 아니다. 조선총독부는 일본 식민지 정부로서 괴뢰정권도 되지 못한다.

그 외 괴뢰정권 실례를 들면 이렇다. 중일전쟁 등 일본이 대륙침략전쟁을 전개하는 과정에서 성립한 만주국 정부, 몽골연합자치정부, 왕자오밍에 의한 난징국민정부, 피델 카스트로의 혁명 전 쿠바정부 등.

빛나는 한 줄 어휘

"남북한이 서로 괴뢰정권 운운하며 으르렁대는 동안 이산가족 가슴엔 피멍이 들고 있다고."

# 빨치산
**Partisan**

## 역사로부터 배반당한 '지독한 근성'

빨치산은 '파르티잔'이란 프랑스어의 음차어. 파르티잔은 원래 당원·동지·당파 등을 뜻하는 말이나 현재는 유격대원을 가리킨다. 이러한 빨치산은 스페인어로 '소규모 전쟁'을 뜻하는 게릴라와 거의 같은 뜻이다.

빨치산은 정규군과는 별도로 적의 배후에서 적의 통신·교통수단을 파괴하거나 무기와 물자를 탈취 또는 파괴하고 인원을 살상하는 역할을 맡으며, 따라서 빨치산 활동에는 일반주민의 협조나 지원이 반드시 필요하고 그 지방의 지리나 지형에 밝아야 하는 것이 절대적인 조건이다.

세계 각국의 저항무장단체를 일컫는 빨치산의 원조는 유고슬라비아 유격대다. 다민족 연방국가로서 민족 갈등이 잠재해 있던 유고슬라비아는 2차 세계대전 당시 티토의 지휘하에 빨치산 부대가 독일군에 맞서 성공적인 반파시즘 투쟁을 벌인 것. 이로써 빨치산 지휘자 티토는 전쟁 이후 유고 국가 건설이란 대업도 이루게 된다.

그러면 한국의 빨치산 역사는 어떻게 될까? 우리나라 현대사에서 빨치산은 '좌익무리의 잔당'이라는 의미로 쓰였고 속칭 '빨갱이'와 거의 같은 의미로 사용되었다. 일제 식민지 시대부터 한반도 전역과 만주 일대에서 활약했던 좌파 민족해방운동 세력도 빨치산이지만, 그보다는 1946년 남조선노동당이 불법화되면서 산으로 들어간 좌익인사들을 보통 빨치산의 효시로 본다. 6·25전쟁 중 빨치산은 반(反)공산주의 빨치산과 공산주의 빨치산으로 나뉘나 보통 빨치산이라고 하면 6·25전쟁 전후에 지리산 부근을 근거지로 활동했던 공산 게릴라들을 일컫는다.

이들은 애초에 자발적 비정규군으로서 자신들의 목표를 이루고자 지독한 근성을 갖고 투쟁했지만, 불운하게도 남과 북 모두에 버림받으며 한 시대의 희생양으로 운명을 다한다. 이후 한국사회에서 빨치산이라고 하면 공산주의자를 속되게 이르는 빨갱이와 동급의 단어로 취급되며 경계의 대상, 지독한 인물이란 뜻을 갖는다.

빛나는 한 줄 어휘

"빨치산의 가족이란 이유로 당한 설움을 어찌 말로 표현할 수 있으리."

# 라인강의 기적
## Miracle of the Rhein River

# 배후와 스폰서가 있는 기적

2차 세계대전을 일으키고 아우슈비츠의 공포를 만든 파시즘의 진원지 독일. 전쟁이 끝난 후 패전국 독일은 엄청난 채무를 갖게 되지만, 곧 국가적 경제 쇄신정책에 온 힘을 쏟고 경이로운 경제성장을 이루는데, 이 서독의 경제부흥을 지칭하는 한국식 표현이 라인강의 기적이다. 독일 국민들 스스로는 이를 '경제기적'이라 칭하고.

그런데 이 기적은 맨 땅에 꽃이 피는 진짜 기적은 아니고 씨를 뿌려준 은인이 있었으니, 그 은인은 1947년 미국 국무장관 마샬의 제청으로 발효된 유럽경제부흥정책 즉 마셜플랜이다. 반공산주의 정책인 마셜플랜은 당시까지의 국가원조를 지역원조정책으로 바꾸어 전후 피폐해진 서독과 일본에 집중적으로 차관을 주려는 계획이었던 것. 이 마셜플랜의 강력한 원조, 재정적 지원이 탄탄했으므로 독일은 살아남을 수밖에 없었고, 따라서 독일의 경제부흥은 기적이라기보다는 씨 뿌린 데 싹이 난 당연한 결과라고나 할까.

그렇다면 한강의 기적은 어떠한가. 이것도 기적이 아닌 것일까? 한강의 기적은 한국전쟁 이후 전쟁의 폐허로부터 세계적 경제 중심지로 탈바꿈한 대한민국의 급격한 경제적 성장을 서울 중심부를 흐르는 한강에 비유해 상징적으로 일컫는 말이다. 라인강의 기적에 빗댄 자긍심 가득한 표현인 '한강의 기적'.

분명 전쟁 후 변변한 기술도 자본도 없이 불모지 같은 땅에서 괄목할 만한 경제성장을 일궈낸 대한민국의 성과는 기적적이긴 하다. 하지만 그것은 국가주도형 개발독재 하에서 이룩한 경제성장이니만큼 그 뒤편의 그늘도 함께 보아야 할 것이다. 경제가 성장한 만큼 퇴보한 민주주의 말이다. 무엇에 가치를 두느냐에 따라 한강의 기적은 실로 경이로운 경제기적이 되기도 하고 경제일변도 독재의 열매로서 씁쓸한 뒷맛을 남기기도 한다.

아무튼 기적을 좋아하는 우리들, 기적 또한 물질적 기적에만 마음 빼앗기는 경향이 있는데 물질이 아닌 정신적 기적도 함께 꿈꿀 일이다.

빛나는 한 줄 어휘

"라인강의 기적 같은 경제기적은 무엇보다
자유시장경제의 힘을 신봉했기에 가능한 것."

# 매카시즘
## McCarthyism

## 사회를 뒤흔든 '한 시대의 어리석음'

때는 1950년 2월 어느 날, 미국 위스콘신의 지방 검사 출신 조지 프 매카시 공화당 상원의원이 폭탄선언을 한다. 내용인즉 '미 국무성 안에 205명의 공산주의자가 있다'는 것.

마른하늘에 날벼락 같은 이 선언은 주요신문 1면 톱기사로 장식되면서 미국 전역을 들끓게 한다. 이것이 1950년부터 1954년까지 미국을 휩쓴 일련의 반(反)공산주의 선풍의 시작이다.

물론 이것은 거짓말이었다. 인기에 눈먼 매카시 의원이 만들어낸 현대판 마녀사냥이었던 것. 하지만 그 파장은 실로 엄청났으니, 당시는 2차 세계대전 직후 냉전이 심각해지던 상황, 중국의 공산화와 한국 6 · 25전쟁의 발발 등으로 미 국민들은 공산주의의 급속한 팽창에 위협을 느끼던 시기였던 것이다. 따라서 국민적 지지를 바탕으로 무차별적인 공산주의자 축출이 단행되었는데 그 기세가 너무나 엄청났기에 대부분의 정치인, 지식인, 언론인들은 자신들이 혹여 공산주의자로 낙인찍힐까봐 아무런 반론도 제기하지 못했다.

착한 나라 미국의 이미지를 강고히 하는 데는 반드시 악의 화신이 존재해야 하는 법. 당시 미국이 설정한 악의 화신이 바로 공산주의로 명확해진 셈이었으니, 없는 적을 색출하고자 들인 미국의 노력은 광분 그 자체였다. 대통령 트루먼까지도 공산주의자에게 약하다는 비난을 받았고, 당시 국무장관을 비롯한 많은 사람들이 매카시즘의 공포에 떨었으며, 그 때문에 미국의 외교정책은 필요 이상으로 경색된 반공노선을 걷게 되었다.

하지만 아무 증거 없이 반공 십자군을 조직하겠다는 둥 큰소리만 쳐대며 반공사회 분위기 띄우기에만 열을 올리던 매카시는 결국 상원에서 쫓겨나고, 매카시 선풍은 일종의 해프닝처럼 막을 내리게 된다. 이렇듯 때로 인간은 집단적으로 어리석을 수도 있는 것이다. 이후 매카시즘이란 극단적 반공주의, 비이성적인 마녀사냥식의 여론몰이 등을 지칭하는 말로 사용된다. 알맹이 없는 선동, 선풍인 것이다.

빛나는 한 줄 어휘

"미국 최대은행이 위키리스크에 대해 금융거래를 중지한 것은 비즈니스 매카시즘일 수도…"

# 팍스아메리카나
## Pax Americana

# 세계평화는 내 힘으로 지킨다

'팍스(pax)'는 평화(peace)를 뜻하는 라틴어, 그러니까 팍스아메리카나는 미국이 주도하는 세계 평화를 일컫는 말로서 당연히 미국이 널리 퍼뜨린 말이다. 미국이 세계를 지배함으로써만이 세계 평화질서가 유지된다는 뜻을 함축하는 이 말은 이전의 다른 '팍스'로부터 연유한다.

즉 우선 '팍스로마나'가 있었다. BC 1세기 말 아우구스투스 시대로부터 약 200년간 지속된 로마의 평화. 이 시기엔 국내외적으로 모든 것이 안정되어 전 국민은 평화를 구가했다는데, 결국 로마제국의 막강한 힘이 한동안의 평화를 만들어낸 것이다. 그리고 영국이 세계 전역에 식민지를 확보하며 세계무대를 주름잡던 19세기 대영제국 당시의 황금기를 일컫는 '팍스브리태니카'가 있다. 그러나 해가 지지 않을 것 같던 영국의 영광도 20세기 들어 신흥 강대국들의 등장으로 영향력을 상실하고, 마침내 제2차 세계대전 이후에는 소련과 미국에게 그 영광의 자리를 양보하고 만다. 그리하여 새로이 등장한 용어가 '팍스 러소-아메리카나'.

그러나 1989년 소비에트 연방이 붕괴된 이후 미국은 현재까지 세계 유일의 초강대국임을 자신하며 자신들만의 '팍스'를 외치게 되는데, 이것이 팍스아메리카나다. 여기서 미국의 팍스를 주도한 인물은 레이건과 부시. 이들은 국내적으로는 민주주의와 평화를 추구하면서도 대외적으로는 반민주적이고 패권적인 폭력을 행사함으로써 이율배반적인 행태를 보이는데, 이에 대해 세계 각국은 차츰 비판의 목소리를 높이게 된다. '강한 미국'을 위해 오히려 세계평화가 훼손되고 있기 때문이다.

그리고 뒤이어 새롭게 등장하는 팍스가 중국이 주도하는 세계평화를 뜻하는 '팍스시니카'다. 경제학자들은 중국이 세계 최대 경제대국이 되면 자신들의 중화사상을 앞세워 동남아시아, 동북아시아는 물론 세계질서까지 재편하려들 것으로 보고 있다. 결국 팍스는 진정한 평화가 아닌 '힘에의 복종'인 셈이다.

빛나는 한 줄 어휘

"바야흐로 팍스아메리카 시대가 물러나고 이제 팍스시니카 시대가 도래하는군."

# 아파르트헤이트
## Apartheid

# 피부색에 관한 무너지지 않는 편견

21세기 들어 차이와 차별 논쟁이 뜨겁다. 피부색의 차이가 곧 차별로 이어지는 상황이 지구촌 여기저기서 끊임없이 벌어지고 있기 때문인데, '아파르트헤이트'는 이 차별을 대표하는 용어다. 즉 남아프리카 공화국의 극단적인 인종차별정책과 제도를 일컫는 이 말은 결국 흑인에 대한 모든 인종차별을 가리키는 말로 쓰이는 것이다.

아파르트헤이트는 원래 분리, 격리를 뜻하는 아프리카 말이다. 남아프리카에서 백인우월주의에 근거한 인종차별은 17세기 중엽 백인의 이주와 더불어 차츰 제도로서 확립되었는데, 아파르트헤이트가 본격화된 것은 2차 세계대전 이후 아프리카 내에 민족주의 운동이 한창 고양되던 때다. 남아프리카공화국 정부는 1949년 백인의 순수성을 보호한다는 취지로 다른 인종끼리의 결혼을 금지하는 법안을 제정하고 또한 경제적·사회적으로 백인의 특권을 유지강화시키는 여러 법안을 만들어내는데, 당시 국민당 정권은 이에 대한 국제적 비난까지도 무시하면서 이 말도 안 되는 인종격

리정책을 완성시킨다.

당연히 이에 격분한 흑인들은 흑인인권운동을 벌이기 시작, 1976년 소웨토(요하네스버그 주변 흑인집단거주지역) 폭동 이후 아프리카인을 중심으로 하는 유색인종 투쟁을 강화·확대한다. 흑인 스스로가 자기비하의식을 깨고 흑인 정체성을 회복하자는 이들 운동의 중심에는 넬슨 만델라가 있었다. 아프리카 민족회의 지도자로서 아파르트헤이트 반대운동을 이끈 만델라는 이후 세계인권운동의 상징적 존재가 된다.

이렇듯 들끓는 흑인인권운동과 국제여론에 밀려 1991년 최후까지 명맥을 유지하던 인종차별법까지 폐지되면서 아프리카 내 법적 인종차별은 막을 내린다. 그러나 법적으로는 막을 내렸으나 피부색에 대한 뿌리 깊은 편견 아파르트헤이트는 여전히 살아 있다. 1960년대 미국 흑인민권운동가 말콤 엑스가 한 말 "검은 것이 아름답다"는 이 말이 세상 사람들에게는 아직 가슴으로 와 닿지 않는 것이다.

빛나는 한 줄 어휘

"아파르트헤이트 종식 이후 남아공 사람들의 정치의식은 과연 진보했는가?"

# 풀뿌리 민주주의
## Grass-roots Democracy

# 민주주의 본래의 가치를 회복하라

모든 식물의 뿌리는 그 식물이 자라는 데 없어서는 안 될 필수 요소다. 물과 양분을 흡수해서 그 식물을 먹여살리는 존재인 것. 그러니까 풀뿌리 민주주의라 함은 민주주의 체제에서는 국민 한 사람 한 사람이 식물의 뿌리 같은 존재란 뜻이다.

이 말은 1935년 미국 공화당 전당대회에서 사용되기 시작한 것으로 'grass-roots democracy'를 우리말로 직역하다 보니 풀뿌리 민주주의가 되어버린 것인데, 참으로 다행인 것은 한자식으로 '초근 민주주의'가 될 확률이 높았을 텐데도 불구하고 순우리말이 쓰이게 된 것이다.

말뜻 그대로 풀뿌리 민주주의라 하면 국민 개개인에게 골고루 영향을 미치는 대중적인 민주주의를 말한다. 즉 의회제에 의한 간접 민주주의가 아닌 시민운동, 주민운동 등을 통해 대중이 직접 정치에 참여해 스스로 민주주의의 뿌리가 되는 참여 민주주의인 것.

한국에 온 풀뿌리 민주주의는 지방자치제 시대를 맞아 최고로 각광받는 말이 된다. 즉 한국에서는 이 말이 민주주의의 기초로서 지방자치를 의미하게 된 것이다. 한국의 지방자치는 1952년부터 실시되었으며 특히 제2공화국 시기에는 전면적으로 실시되었다. 그러나 5 · 16군사정변으로 중단되었다가 1987년 6월 항쟁 이후 민주화 물결을 타고 지방자치에 대한 요구가 증대하면서 다시 살아난다. 그리하여 1991년 30년 만에 기초단위인 군의회와 시 · 도의회 의원에 대한 선거가 실시되었고 1995년 6월 27일에는 기초단위 단체장, 시장 · 도지사 등 광역단위 단체장, 기초의회의원, 광역의회의원 등을 선출하는 선거가 실시됨으로써 전면적인 지방자치제가 부활했다.

분명 풀뿌리 민주주의는 기존의 정치 형태인 중앙집권적이고 엘리트 위주의 정치 행위를 지양하고, 지역에서 평범한 시민들이 자발적인 참여를 통해 권력 획득이 목적이 아닌 자신이 살고 있는 지역과 실생활의 개선이 목적인 정치를 하는 것이다. 하지만 현실정치에서 풀뿌리 민주주의는 여전히 뿌리를 내리지 못하고 있는 듯하다. 무슨 이유에서일까?

빛나는 한 줄 어휘

"지방공무원들의 부패와 무능이 풀뿌리 민주주의를 근본부터 뒤흔들고 있다."

# 냉전
## Cold War

## 소리 없는, 그러나 한없이 냉엄한 전쟁

무기를 사용하지 않는 차가운 전쟁 '냉전'. 이 말은 미국의 평론가 월터 리프먼의 논문 「냉전」에서 등장한 용어로, 미국의 재정전문 가이자 대통령 고문이었던 버나드 바루크가 1947년 의회에서 트 루먼독트린에 관한 논쟁 중 사용해서 유명해진 말이다. 즉 파시즘 과 반파시즘이 대립구도를 가졌던 2차 세계대전이 끝나고 새로운 대립구도를 형성한 미국과 소련의 관계, 사회주의진영과 자본주 의진영 간의 정치·외교·이념상의 갈등이나 군사적 위협, 그 잠 재적인 권력투쟁을 지칭하는 것이다.

냉전 당시 주축 국가의 군대가 직접 충돌한 적은 없었으나 두 세 력은 핵무기군비 경쟁을 하며 첩보전, 대리전을 일으키고, 게다가 우주 진출과 같은 기술 개발 경쟁 양상까지 보이며 서로 대립했 다. 1940년대 중반부터 1990년대 초까지 이어진 냉전 기간 중에 는 긴장이 극도로 고조된 적도 있었고 비교적 평화로운 시기도 있 었는데, 그 사이 발생한 국제적 위기로는 다음과 같은 것들이 있 다. 베를린 봉쇄, 한국전쟁, 1961년 베를린 위기, 쿠바 미사일 위기, 베트남 전쟁, 소련의 아프가니스탄 침공, 1983년 11월 북대서양 조약군의 군사훈련 등.

사실상 한국진쟁과 쿠바사태 때 냉전의 긴장은 최고조에 달했으며, 이후 한국사회에서 냉전 이데올로기의 위력은 실로 대단했다. 이승만, 박정희 정권부터 제5·6공화국 정권까지 냉전은 정권유지의 든든한 버팀목이었던 것. 한편 이른바 '데탕트'라 해서 이런 국제적 정치 긴장을 해소하고 직접적 군사 공격을 방지하려는 노력도 나타났는데, 핵무기 위험 때문에 상대를 직접 공격하기란 사실상 불가능한 일이기도 했다. 두 거대세력이 벌인 총성 없는 전쟁은 1991년 소련이 붕괴되면서 종식되었고, 러시아가 과거 소련의 막대한 핵무기를 물려받긴 했으나 미국이 결국 승자의 위치에 올라서 유일한 세계 초강대국이 되었다.

이렇듯 역사 속 냉전은 막을 내렸으나 그 후 냉전은 부부나 연인 사이 등에서 실제 전쟁이나 다름없는 긴장관계를 뜻하는 용어로 자리잡아 살얼음판 같은 아슬아슬한 상황을 계속 만들어내고 있다.

빛나는 한 줄 어휘

"21세기, 아직도 정전 중인 한반도에서 냉전은 여전히 진행 중이다."

## 지구온난화
### Global Warming

# 인간 욕심으로 뜨거워진 지구 살갗

언제부터인가 전 세계인이 공감하는 지구적 근심이 '지구 온난화'
다. 점점 뜨거워지는 질병을 앓게 된 지구. 차가운 남극의 얼음이
녹아 펭귄들이 얼어죽고 북극 곰 또한 살 곳을 잃어 방황하는 것
이 지구의 현실인 것. 지구는 왜 이런 열병에 걸린 걸까?

온난화 현상 자체는 과거에도 있었으나 19세기 후반부터 관측되
는 현대 온난화는 온실가스 증가가 그 원인인 것으로 알려져 있
다. 산업 발달에 따라 석유와 석탄 같은 화석연료를 사용하고 농
업 발전을 통해 숲이 파괴되면서 온실효과의 영향이 커졌다고 보
는 것이다.

온실효과란 대기를 가지고 있는 행성 표면에서 나오는 복사에너
지가 대기를 빠져나가기 전에 흡수되어 그 에너지가 대기에 남아
기온이 상승하는 현상을 일컫는 말이다. 이 온실효과는 사실상 지
구의 자연 현상으로 20세기 전반까지는 자연 활동이 온난화를 유
발했지만 20세기 후반부터는 인류의 활동이, 즉 인구 증가와 산업
화 진행에 따라 온실기체의 양이 과거에 비해 늘어난 것이 온난화

를 유발하고 있다.

그렇다면 지구 온난화의 결과는 어떻게
되는 것일까? 지구가 뜨거워지면서 생긴
가장 큰 문제는 해수면 상승이다. 이러한
해수면 상승은 섬이나 해안가 사람들의
생활에 큰 영향을 미치며 특히 해안에
가까운 도시에는 대단히 큰 문제를 일으
킬 수 있다. 그리고 생태계 파괴가 심각하
다. 현재 수많은 동물, 식물들이 멸종위기에
처해 있다. 우리나라의 경우 겨울이 사라지고 사막이 생길 수 있
으며 태풍과 가뭄 등 자연재해 강도가 증가할 것으로 예상된다.
세계각지에 홍수·가뭄·폭설 등을 몰고 오는 기상이변 현상인
엘리뇨 현상이 주기적으로 신문지상을 도배하고 있지 않은가.
지구 온난화의 가장 근본적인 해결책은 온실가스 배출량을 줄이
는 것이다. 이를 위해 국제사회가 국가적 협약을 체결하는 등 많
은 노력을 하고 있지만 병든 지구를 튼실히 하는 데는 에너지 절
약 등 지구와 함께 살아 있는 개개인의 작은 노력이 실로 큰 힘이
된다. 편리함만을 추구하는 인간 때문에 생긴 지구 온난화 문제,
이제 인간이 지구를 편안히 해줘야 할 때다.

빛나는 한 줄 어휘

"지구온난화 문제는 경제 논리를 떠나 냉정하게 고심해야 할 인간 생존 문제라고!"

# 워터게이트 사건
## Watergate Scandal

## 대통령까지 쫓아낸 거대한 문

아무래도 정치적 야망은 '정의'나 '공명정대'와는 그리 친하지 않은 것 같다. 미국 정치사 최대 추문으로 기록된 워터게이트 사건. 사건의 발단은 1972년 6월 17일 미국 대통령 선거를 앞둔 시점에서 닉슨의 재선을 염원한 비밀공작반이 워싱턴의 워터게이트빌딩에 있는 라이벌 민주당 본부에 침입해 도청장치를 설치하려다 발각, 체포된 데서 시작한다.

처음 닉슨과 백악관 측은 '침입사건과 정권과는 관계가 없다'고 발뺌했으나 사건의 진상이 차츰 밝혀지면서 여론의 폭격을 맞게 되고 국회 청문회까지 중계되는 등 사건은 걷잡을 수 없이 확대되면서 닉슨 정권의 선거방해, 정치헌금의 부정 수뢰, 탈세 등이 속속 드러나게 된다. 결정적으로 1974년 8월 '스모킹 건'이라 불리는 테이프 즉 백악관에서의 대화 내용이 기록된 테이프가 공개됨에 따라 백악관의 개입은 명백한 사실로 드러나고, 1974년 8월 하원 사법위원회에서 대통령탄핵결의가 가결됨에 따라 닉슨은 대통령직을 사임할 수밖에 없게 된다.

임기 도중 대통령이 사임한 것은 이것이 역사상 최초의 일로서 미국 역사에 오점을 남기는 사건이 되기는 했지만, 의회와 최고재판소가 맡은 바 직책을 완수함으로써 민주주의의 전통은 수호되었다. 그리고 닉슨 사임 후 그에게 형사책임을 추궁할 것인가 말 것인가를 두고 논란이 있었는데, 닉슨의 후임자 제럴드 포드가 닉슨이 재임기간 중 저지른 모든 죄에 대해 묻지 않기로 무조건 사면을 결정하면서 사건은 마무리된다.

워터게이트 사건 이후 그저 '문'이라는 평범한 의미를 갖고 있던 '게이트'는 일약 엄청난 의미로 활약하게 되는바, 정부나 기타 정치권력과 관련된 대형 비리 의혹사건 또는 스캔들을 뜻하게 된 것이다. 사소한 게이트라도 잘못 걸려들면 정치적 생명이 끝날 수도 있게 된 것이니, 이로부터 정치가들에게 게이트는 실로 조심스런 문이 되었다.

빛나는 한 줄 어휘

"대포폰까지 사용한 정부의 민간인 사찰은 한국판 워터게이트 사건 아닐까?"

# 지구를 지키는 참여형 민간단체

'지도 밖으로 행군하라'는 구호로 유명한 월드비전 활동가 덕분에 NGO는 청소년들의 지대한 관심을 받으며 무척 따뜻한 이미지를 갖게 됐는데, 실제 NGO는 어떤 조직일까?

'NGO(non-governmental organization)'는 비정부기구 또는 비정부 단체를 뜻하는 말로서, 지역-국가-국제적으로 조직된 자발적인 비영리 시민단체를 가리킨다. 여기서 특히 '비정부성'이 강조된 개념인 것. 19세기 중반부터 다양한 단체들이 반노예제, 여성인권 운동, 군비축소 등을 모토로 조직되기 시작했는데, UN(국제연합)이 공식 사용한 NGO 개념은 UN에서 국가기구와 관계를 맺고 협의 하는 조직, 곧 정부 이외의 기구로서 국가주권의 범위를 벗어나 사회적 연대와 공공목적을 실현하기 위해 구성된 자발적인 공식 조직을 의미한다.

이러한 NGO 조직이 발생할 수밖에 없는 이유는 무엇일까? 20세 기 세계화로 인해 한 국가단위로는 해결할 수 없는 문제들이 너무 나도 많이 생겨나다 보니 세계화로 인한 다양한 사회 문제를 해결하기 위해선 새로운 유형의 단체가 등장해야만 했던 것. 이러한 시대적 요구에 부응하기 위해 비정부기구는 인권문제, 지속가능한 개발, 저개발국 지원, 긴급구호 등 다양한 사항에 중점을 두고 활동하고 있다.

오늘날 NGO는 정치, 경제, 교통, 환경, 의료사업 등 모든 분야에 걸쳐 활동하고 있으며 그 수는 대단히 많다. 국제적으로 인지도 있는 비정부 기구로는 국제사면위원회(AI), 국경없는의사회, 그린피스 등을 꼽을 수 있겠다. 국내적으로는 1987년 6 · 29 이후 민주화 세대와 비판적 지식인들이 합법적 공간으로 자리를 옮겨 시민운동에 가담하면서 NGO 수와 활동이 급증했다.

사실상 NGO란 현실적 이상주의자들의 모임이다. 물질이 아닌 인간이 존중받는 인간 중심 사회를 만들고자 하며, 자연환경과 인간이 갈등 없이 공존하는 지구공동체를 건설하고자 하며, 더불어 산다는 것의 소중함을 일깨우고자 하는 실천적 사회운동인 것이다. 이 본래 위상이 흐트러짐 없이 지속되기만 한다면 NGO는 지구사회의 앞날을 밝히는 평화의 등불이 될 것이다.

빛나는 한 줄 어휘

"초국가행위자로서 여러 국제문제에 앞장서는 NGO의 역할은 더욱 커질 수밖에 없을 듯."

# 로렌츠곡선
## Lorenz Curve

# 그래프로 그려보는 빈부격차

자본주의 시장경제 하에서 빈익빈 부익부 현상은 피할 수 없는 필연적 현상인 걸까? 1960년대 말 복지국가 개념이 본격적으로 등장한 이후 소득분배 문제는 현재 심각한 경제 숙제로 수많은 경제학자들의 머릿속을 점령하고 있는 실정인데, 로렌츠 곡선이란 소득불평등 정도를 측정하는 대표 지표를 말하는 것이다. 이는 미국의 통계학자 로렌츠가 창안한 것으로, 소득액과 소득 인원수의 상관관계를 보여줌으로써 소득분포가 평등한지 아니면 불평등한지 여부를 측정할 수 있다.

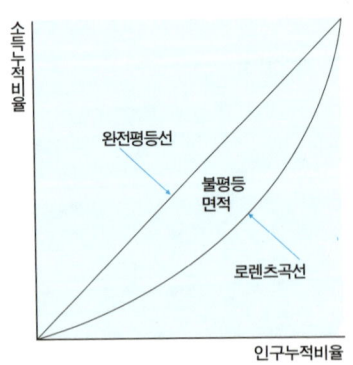

즉 로렌츠 곡선을 그래프로 그려보면, X축은 인구누적을 나타내고 Y축은 한 나라의 소득누적비율을 나타내는데, 이때 X축 제일 좌측이 인구누적 중 가장 못사는 사람들을 나타내고 우측으로 갈수록 부자들을 나타내는 것. 빈

곤충이라 할 수 있는 하위 40% 계층소득의, 고소득층이라 할 수 있는 상위 20% 계층소득에 대한 비율을 나타내는 10분위 분배율의 9분위, 10분위가 제일 우측에 위치해 있는 것이다. 이 로렌츠 곡선 원점에서 평행한 대각선을 그으면 완전평등선으로 전체소득이 고르게 분배되는 모양이 되는데, 소득격차가 심할수록 아래로 늘어지는 형태를 취한다. 즉 로렌츠 곡선의 타원이 배가 부르면 부를수록 불평등한 분배를 나타내는 것이다. 그리고 완전평등선을 기점으로 한 커다란 삼각형면적을 타원형의 면적 즉 부채꼴 면적으로 나눈 것이 지니계수인데, 지니계수가 0에 가까울수록 소득분배가 평등하며 1에 가까울수록 소득분배 구조가 불평등한 것이다.

로렌츠 곡선은 그리는 것이 간단하기 때문에 소득분포뿐만 아니라 그 밖의 경제량 분포의 집중도 또는 불평등도를 측정하는 방법으로도 사용되고 있다. 실업률과 화폐임금 상승률 간의 상반되는 관계를 그림으로 나타낸 필립스 곡선이란 것도 있지만 이는 현실적으로 맞지 않는 것으로 알려져 있다.

소득분배를 정확하게 파악하는 일은 복잡한 현실 경제를 이해하고 복지 시스템을 구축하는 데 필수적인 것일 텐데, 로렌츠 곡선이 45도를 달리는 세상은 아마도 분명 '멋진 신세계'일 것이다.

빛나는 한 줄 어휘

"각 나라를 대표하는 로렌츠곡선을 그려보면 그 나라의 복지수준을 알 수 있지."

## 20대80 법칙
### Pareto's law

# 둘은 일하고 여덟은 놀고먹는다?

인간은 애초에 '불평등'을 지향하는 존재라고 오해할 수도 있게 만드는 것이 20대80 법칙 또는 파레토 법칙이다. 이는 사회적 통계현상을 일컫는 말로서 '모든 결과물의 80%는 조직의 20%가 생산해낸다'는 것인데, 이탈리아 경제학자 빌프레도 파레토가 처음 주창한 이론이다.

파레토 이론의 근거는 이렇다. 어느 하루 개미들을 유심히 관찰하던 파레토는 모든 개미가 열심히 일하지는 않는다는 사실을 발견한다. 흥미를 갖고 계속 관찰해보니 그 비율, 즉 일하는 개미와 그렇지 않은 개미 비율이 약 20대80 정도였다. 그 후 파레토는 열심히 일하는 개미 20%와 나머지 80%를 따로 모아 일을 시켰는데, 시간이 지나자 이 20% 부류는 다시 20대80 비율에 맞춰 일하는 개미와 노는 개미로 나뉘었을 뿐만 아니라 게으른 80% 개미 부류도 다시 20대80 비율로 일하고 노는 것이 아닌가.

이에 파레토는 이 법칙이 사람에게도 일어나는지 확인해본다. 풍년을 맞은 농촌마을에 가보니, 진짜 풍년이 들어 수확량이 넘친

집은 전체의 약 20% 정도였고 나머지 80%는 적당한 수확량에 그쳤다. 흉년이 난 마을도 거꾸로 마찬가지. 흉년으로 손해막심한 집은 약 80%였고 나머지 20%는 그다지 영향이 없었던 것. 이로써 파레토는 하나의 사회법칙으로서 이 20대80 법칙을 만들어낸 것이다.

그런데 이 법칙은 1997년 『세계화의 덫』이라는 책을 통해 조금 다른 의미로 세간에 널리 알려지게 된다. 세계화 시대에는 전 세계 인구 중 20%만이 좋은 일자리를 가지고 안정된 생활을 누리는 반면 나머지 80%는 사실상 20%에 빌붙어 살아가야 한다는 것이 이 책의 설명인 것이다. 결국 20% 부유층과 80% 빈곤층으로 나뉜 사회 양극화 현상을 설명하는 이론이 된 셈으로, 상위 20%가 80%의 자원과 부를 차지하고 하위 80%가 남은 20%를 놓고 경쟁해야 하는 사회를 뜻하게 된 것이다.

하지만 이는 20대80 법칙에 대한 일면적 해석일 뿐 본래 이 법칙은 상위 20%의 힘이 나머지 80%를 이끌어나가는 원동력이 된다는 것인데, 이런 의미상의 차이가 발생한 것은 아마도 이론과 현실의 차이 아닐는지.

빛나는 한 줄 어휘

"중산층이 무너지면서 20대80 사회가 피할 수 없는 현실로 나타나는 듯하군."

# 벤치마킹
## Benchmarking

# 타인을 통한 나의 아름다운 창조

세상의 모든 천재는 창조적 모방의 귀재다. 우수한 경쟁업체의 경영방식을 면밀히 분석해서 그들의 뛰어난 운영 프로세스를 새롭게 응용하고 따라잡으며 부단히 자기혁신을 추구하는 경영 전략을 일컫는 벤치마킹, 그것의 핵심이 바로 창조적 모방 전략인 것이다.

경쟁자에게 배울 것을 찾아 배우고 더 앞서 나아간다는 의미에서 벤치마킹은 『손자병법』 전술에 비유되기는 하는데, 즉 벤치마킹은 '적을 알고 나를 알면 백전백승'이라는 전투 전략과도 같은 것이다. 벤치마킹은 원래 토목 분야에서 쓰던 말로서 강물 등의 높낮이를 측정하기 위해 설치된 기준점을 벤치마크라고 부르는데, 그것을 세우거나 활용하는 일을 벤치마킹이라고 했다. 그 후 컴퓨터 분야에서 각 분야의 성능을 비교하는 용어로 사용되다가 기업경영에까지 도입되어 현재의 의미를 획득한 것이다.

벤치마킹이 경영분야에서 처음 사용된 것은 1982년, 복사기로 유명한 미국 제룩스 사의 경영전략 모임에서였다. 제룩스 사는 자사가 경쟁업체인 일본의 캐논 등에 뒤지는 이유를 다방면으로 분석, 일본식 작업 방식을 배우고 응용함으로써 벤치마킹의 꽃을 피웠다. 그리고 1989년 로버트 캠프 박사는 『벤치마킹』이란 저서에서 같은 업계가 아닌 다른 업계 경영기법도 비교·분석해서 배우는 것으로 벤치마킹의 범위를 확대했다.

당당한 경영전략기법 중 하나로 등극한 벤치마킹은 다른 기업이나 경쟁기업의 제품이나 조직의 강점을 분석해서 떳떳이 그것을 보고 배우는 것일 뿐, 다른 회사 제품을 몰래 복제하거나 특허를 침해하는 범죄행위와는 확연히 구별된다. 복제란 그야말로 남의 것을 무단 차용하는 것이고 타인의 땀과 노력의 결실을 부도덕하게 혹은 불법적으로 사용하는 것이다.

예를 들어 경쟁 회사가 기획 상품을 2주 만에 생산해 대박이 났을 때 그 생산 시스템을 연구해 자사 경쟁력을 강화시키는 것은 벤치마킹이지만, 상대회사의 대박 난 상품을 단순 모방해 비슷한 상품을 만들어 판매하는 것은 불법 복제행위가 되는 것이다.

**빛나는 한 줄 어휘**

"변신만이 살 길인 IT업계에서 벤치마킹은 더욱더 활발해질 추세다."

# 남북문제
## North-South Problems

# 부와 가난의 대물림, 그 국제적 양극화

오늘날 세계는 지구를 사방으로 가르는 두 가지 큰 문제를 떠안고 있다. 하나는 이념과 정치체제 대립에서 오는 동서 문제, 즉 사회주의와 자본주의 간의 반목. 또 하나는 빈부 격차에서 오는 남북문제, 즉 지구 북반구에 집중해 있는 선진공업국과 적도 부근에서 남반구에 걸쳐 있는 개발도상국 간의 경제 격차로 인한 여러 갈등.

한반도에 긴장관계를 형성하는 남북문제도 심각하지만 여기서의 남북문제는 그야말로 세계를 들썩이는 골치 아픈 문제다. 북쪽 선진공업국과 남쪽의 빈곤한 저개발국가들 사이에서 볼 수 있는 현저한 경제적 격차는 제2차 세계대전 후, 그리고 남쪽의 저개발국들이 독립한 후에도 전혀 좁혀지지 않고 있는데, 이것이 진정한 국제문제로 부상한 것은 남반구 나라들이 자신들의 경제적 후진성이 지난날 유럽 제국의 식민지 지배 탓이라고 주장하기 시작했기 때문이다. 따라서 남북문제 해결책으로 선진국의 경제성장 과정에서 식민지배 등으로 피해를 입었던 개도국들에 대해 무역 거래 등에서 일정한 특혜를 부여해 보상하는 방안이 마련되고는 있으나 그 실효성은 그리 빛나지 않은 듯하다.

또한 현재 급속도로 진행되고 있는 세계화와 신자유주의는 선진국과 개발도상국 간의 부의 양극화 현상을 더욱 심화시키며 개발도상국 경제를 다국적 거대 자본에 종속시키는데, 이에 맞서 같은 처지 개발도상국들이 힘을 합쳐 선진국과의 격차를 줄이자는 남남협력에 대한 논의가 활발히 이루어지고 있다. 사실상 개발도상국 사이에도 자원을 가진 나라와 갖지 못한 나라 사이에 경제적인 격차가 생기게 되었으니 이를 '남남문제'라 한다.

남북문제를 해결하고자 다국적 투기 자본이 개도국 시장에 침입하는 것을 규제한다든가 개도국의 재정 안정을 담보할 국제금융 지원체계 확립 등 여러 방안이 국제적으로 논의되고는 있지만 남북문제의 근본적인 원인이라 할 남북 간 '정보격차'가 줄어들지 않는 한 이 지구적 문제의 해결은 당분간 요원할 듯하다.

빛나는 한 줄 어휘

"국내 노사문제가 세계적으로 확대된 것이 남북문제라고 할 수도 있을 거야."

# 찾아보기